世 界 遺 産

小笠原を発掘する

― 考古学からみた小笠原諸島の歴史 ―

The archaeological history of the Ogasawara (Bonin) Islands

小田　静夫

ニューサイエンス社

The archaeological history of the Ogasawara (Bonin) Islands

by Shizuo Oda

Cooperative Research Fellow

The University Museum, The University of Tokyo

© THE NEW SCIENCE CO., LTD. TOKYO, JAPAN 2019

は　じ　め　に

　小笠原諸島は太平洋戦争終了後22年10ヵ月の長きに亘りアメリカ軍施政下に置かれ、1968（昭和43）年6月26日に日本に返還され東京都に帰属した。小笠原が返還されてから直に行われた学術調査は、地形、地質、植物、動物、地球物理および海中生物など自然科学部門であった。これらの調査は「東洋のガラパゴス」と称された小笠原の、日本的でない自然環境を持つ特別地域としての重要性に基づいた国家的、組織的な研究調査であった（東京都 編 1979, 1980、文部省・文化庁 編 1980）。これに比べて人文科学部門の調査は少し遅れ、東京都教育庁文化課が組織した1972（昭和47）年）から3ヵ年行われた「東京都遺跡分布調査」と、1977（昭和52）年から5ヵ年行われた「小笠原諸島文化財調査」の2つが最初であった（東京都教育庁社会教育部文化課 編 1982）。特に前者の埋蔵文化財部門の遺跡分布調査は、考古学方面として初めての小笠原諸島への渡島調査であった。この調査で父島と母島でそれぞれ1ヵ所、先史時代に遡る可能性をもつ考古学的資料の発見があった（永峯・小田・宮崎 1973、宮崎・永峯・小田 編 1973）。ここに今まで「無人島」と考えられていた小笠原諸島に、有史以前に人間の生活していた証拠が見え始めてきたのである。

　1989（平成元）年から3ヵ年行われた東京都教育庁文化課主導の「小笠原諸島他遺跡分布調査」は、小笠原を主目的にした本格的な考古学調査であり、オセアニア先史学研究者そして沖縄県、ニュージーランドの考古学研究者らを加えた国際的なプロジェクトチームで実施された。幸運なことに最終年度に北硫黄島で大規模な先史遺跡（石野遺跡）の存在が確認され、土器、石器、貝製品、石組遺構、線刻画などが発見された（永峯・小田・早川 編 1992）。

　長い間、文献に登場する以前は「無人島」（ボニン・アイランズ）と考えられていた太平洋上の絶海の孤島「小笠原諸島」に、「石野遺跡」という約2000年前に遡る確かな先住民の足跡が確認された意義は極めて大きいものであった（小林・芹澤 編 2005）。

　このたび小笠原諸島は2011（平成23）年6月24日に、世界的に希少な自然環境が残されていることから「世界自然遺産」に登録された。この記念すべき快挙を踏まえて、これまで東京都教育庁文化課が主体となり実施された「埋蔵文化財」（考古学遺跡）の調査成果を中心に「小笠原諸島の歴史」をまとめてみることにしたい。

□□□□□□□□□□ 目 次 □□□□□□□□□□

第1章　小笠原諸島の自然環境　　7

1．地理的環境　　8
地形 8 ／地質 10 ／気候 10

2．自然的環境　　12
植物相 12 ／動物相 13 ／海洋生物相 14

第2章　小笠原諸島の発見と定住　　15

1．小笠原諸島の発見　　16
スペイン人による目撃 16 ／「小笠原島」命名の伝承 17 ／オランダの進出 18 ／「小笠原島」発見の正史は漂流民の記録 20 ／幕府の「第1回延宝巡視」21 ／世界に「ボニン・アイランズ」定着 22 ／幕府の「享保巡視」と貞任事件 22 ／小笠原島巡視の中断 23

2．最初の定住民はハワイから　　25
捕鯨船の来航 25 ／ハワイからの入植者たち 26 ／新天地での定住生活 27

第3章　小笠原回収と近代化　　29

1．ペリー艦隊の来航　　30
捕鯨活動基地として小笠原は重要 30 ／日本開国と琉球・小笠原の役割 31

2．幕府による小笠原回収　　32
幕府の「第2回小笠原巡視」32

3．小笠原の近代化　　33
明治政府が小笠原開拓決定 34 ／小笠原島庁の設置 35

第4章　小笠原の考古学調査史　　37

1．考古学調査前史　　38
マリアナ地域の調査 39 ／3本の丸ノミ形石斧 42

| | 2．東京都による遺跡分布調査 | 46 |

2．東京都による遺跡分布調査　46

東京都遺跡分布調査会 47／小笠原諸島他遺跡分布調査
会 50／小笠原村北硫黄島石野遺跡他詳細分布調査団 54

3．国際基督教大学の遺跡分布調査　56

国際基督教大学考古学研究室の資料 56／父島・西町のタタ
キイシ 59

第5章　小笠原諸島の遺跡　61

1．父島・大根山遺跡　64

所在地 64／経緯 64／遺跡 65／調査 65／遺構 66／
遺物 66／年代 69／意義 69／保管 70

2．母島・沖村遺跡　70

所在地 70／経緯 70／遺跡 72／調査 72／遺構 73／
遺物 73／年代 75／意義 75／保管 76

3．北硫黄島・石野遺跡　76

所在地 76／経緯 78／遺跡 79／調査 80／遺構 80／
遺物 83／年代 90／意義 91／まとめ 93／保管 95

4．父島・西町伝世の磨製石斧　95

5．父島・大村公園採集のタタキイシ　98

6．父島・八瀬川河口砂丘発掘の磨製石器　100

7．母島・評議平採集の素焼陶器　101

8．北硫黄島の丸ノミ形磨製石斧　103

9．父島・母島発見の陶磁器類　106

第6章　伊豆諸島の考古学調査　109

1．考古学調査史　110

北部伊豆諸島 110／南部伊豆諸島 114

2．伊豆諸島の先史文化　121

神津島産黒曜石の交易 121／縄文人のイノシシ牧場 123／
島の農耕文化 126／もう一つの先史文化 127

3．小笠原先史文化との関係　132

八丈島のマリアナ系磨製石斧 132／サンゴ礫利用の文化圏 133

5

目　次

4. 壺屋焼陶器が語る八丈島と小笠原　136

発見史 136 ／汐留遺跡から壺屋焼徳利出土 138 ／八丈島への壺屋焼陶器の由来 139 ／小笠原諸島の壺屋焼陶器はどこから 140

第7章　マリアナ諸島の考古学調査　141

1. 北部マリアナの考古学調査　143

開拓史 143 ／調査史 143

2. 南部マリアナの考古学調査　149

発見史 149 ／調査史 151

3. マリアナ諸島の先史文化　158

先ラッテ期（約 3600 年前頃〜紀元後約 800 年頃）158 ／ラッテ期（紀元後 800 〜 1600 年代頃）160 ／植民時代（1521 年〜 1986 年）162

4. 小笠原諸島との関係　164

石野石器文化 164 ／丸ノミ形石斧 166 ／壺屋焼大型カーミ 166

第8章　小笠原の考古学資料群　167

1. 石野遺跡系　168

2. 大根山遺跡系　170

3. 丸ノミ形石斧系　172

北硫黄島の丸ノミ形石斧 172 ／父島の片刃磨製石斧 173

4. 沖村遺跡系　174

5. 評議平系　175

6. 近代陶磁器系　176

近代陶磁器 176 ／壺屋焼陶器 177

まとめ　179

資料集　183

引用参考文献　195

索引　201

第 1 章
小笠原諸島の自然環境

〔第1章〕小笠原諸島の自然環境

1. 地理的環境

　小笠原諸島は東京から南南東に約1,000～1,300kmの、北緯24度14分から同27度45分、東経141度16分から同142度26分にわたり、南北に直線的に分布する30余の島々や岩礁から成り立っている。そして、伊豆諸島最南端の人間居住可能な島（鳥島）から約320km以上の距離に位置している。これらの島々には、北側から聟島列島、父島列島、母島列島、火山（硫黄）列島と属島（南鳥島、沖ノ鳥島、西之島）からなり、前の三つの列島は一直線に並び、最後の火山列島は少し西にずれて分布している。面積の多い順に、父島23.8km²、硫黄島23.2km²、母島20.2km²、兄島7.9km²、北硫黄島5.6km²、弟島5.2km²となっている。

　地理的には、伊豆・小笠原島弧の南端、マリアナ島弧の北方に位置し、フィリピン海をめぐる日本列島、伊豆諸島、琉球列島、台湾、フィリピン、マリアナ諸島との関連が考えられ、広くオセアニア地域との繋がりをも視野に入れるべき重要な地点である。

・地形

　小笠原諸島は、太平洋プレートがフィリピン海のプレートの下に沈み込む地帯に生じた小笠原海嶺上に位置している。聟島列島は小笠原諸島の最北端の島々で、北ノ島、聟島（ケーター島）、媒島、嫁島の島嶼と針之岩などから成っている。唯一、ケーター島が海抜50～60mの比較的平坦な島であり、他は周囲が断崖の島々である。

　父島列島は父島、兄島、弟島を主体に、西島、東島、南島などから成っている。主島の父島には二見湾沿いに大村、奥村と扇浦の平坦地と境浦、小港、初寝浦に砂浜が形成されている。

1．地理的環境

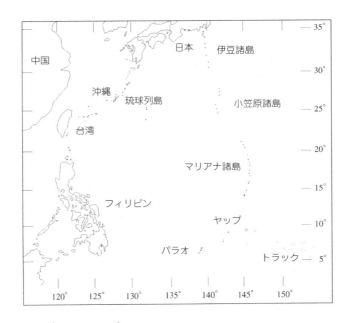

図1　小笠原諸島の位置と大きさ

〔第1章〕小笠原諸島の自然環境

　母島列島は母島、向島、平島、姉島、妹島、姪島などから成っている。
主島の母島は北港、東港、沖港に平坦地があるほかは断崖に囲まれている。
　火山（硫黄）列島は北硫黄島、硫黄島、南硫黄島から成り、主島の硫黄
島は摺鉢山を除いて全体が平坦地である。

・地質

　小笠原諸島は大きく七島マリアナ弧に属する西之島、火山列島と、別の
群島である聟島列島、父島列島、母島列島の二つの島弧に分かれている。
前者はいわゆる富士火山帯の一部であり、火山列島は第四紀の前期更新世
（約100万〜60万年前）に海底火山活動によって形成された比較的新しい
島々である。現在でも火山活動が活発な島も多く認められる。後者は第三
紀の始新期〜中新期（約7000万〜3500万年前）の海底火山活動とその
後の隆起運動（約1000万〜500万年前）によって形成された島々で、現
在では壮年期の非火山性の列島といえる。島を形成している岩石類は、安
山岩質の溶岩（玄武岩〜石英粗面岩）、凝灰岩、集塊岩、石灰岩類からな
り一部珊瑚礁も存在している。土壌はこうした岩石類が風化したラテライ
ト性の赤色土壌が広く分布している。

・気候

　小笠原諸島は地理的に亜熱帯地域に位置することから、気候区は亜熱帯
に区分されるが、海洋中の独立島嶼群であることから「海洋性気候」を示
している。年間の気候変化と日較差は少なく、年間平均気温は22.9度で、
東京の9月と同じ程度である。湿度は海洋島であり平均80％と高く、一
年中暑くむしむししている。降水量は年平均1,255mmで、東京の1,528mm
と変わらず八丈島の約半分の量である。梅雨の季節は、東京より1ヵ月早

10

1. 地理的環境

い5月～6月半ばまでである。また台風が毎年接近することから、台風シーズンは特に注意が必要である。

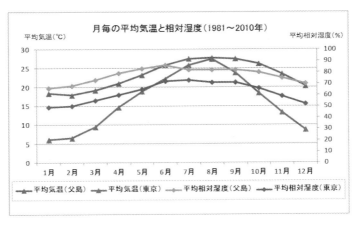

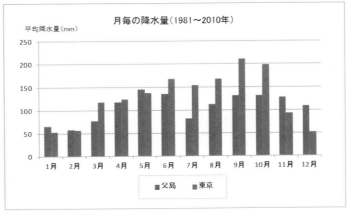

図2　小笠原の気候
出典：気象庁父島気象観測所ホームページ
（https://www.jma-net.go.jp/chichijima/kikou.html）

〔第1章〕小笠原諸島の自然環境

2. 自然的環境

　小笠原諸島は大陸と地続きになったことのない大洋島であるため、固有種・固有亜種の多いことで知られている。そのため「東洋のガラパゴス」「進化の島」などと呼ばれている。2011（平成23）年6月24日に「世界自然遺産」に登録されたのも、こうした世界に誇れる希少な自然環境が残されている島嶼群であることが評価されたのであった。

・植物相

　小笠原諸島は太平洋上の孤島群であり、気候区は亜熱帯であるが亜熱帯と熱帯の接点にあたり、南方の植物の北限であり、また北方の植物の南限に位置している。つまり東南アジアとポリネシア系植物の接点でもあることから、日本列島、台湾島、東南アジア地域、ポリネシアの島々との関連が認められる特異な島でもある。

　小笠原諸島の植物は90科、250属、400種といわれ、熱帯と亜熱帯系が80％を占めている。植物帯はマレー、東南アジア系との共通種が300種におよび、近距離のポリネシア系は少なく、しかも隣接する伊豆諸島とは全く異なる様相を呈している。島の面積が狭く単位当たりの植物の種類が少なくかつ種類は単純であり、これは植物の定着が容易でなかったことを示している。また孤立した海洋中の島ということは、永く隔絶され固有種の出現率が高く約400種の25％で、木本類では80％に成っている。

　植生は亜熱帯としては雨量が少なく、島の面積が狭く海の影響を受けやすいことから、比較的乾いた植生が認められている。大きく海岸型と山地型に分けられ、山地型は乾性とやや湿性に細分される。またマングローブ植物、海岸性のヤシは自然植生としては存在しない。

12

2. 自然的環境

海岸型 ── オオハマボウ、グンバイヒルガオ（海岸草原）、クサトベラ、テリハボク、モモタマナ、ハスノハギリ、タコノキ（海岸林）など。

乾性山地型 ── マルバイスノキ、アデク、シマムロ、シマシャリンバイなど。

湿性山地型 ── オガサワラビロウ、ヒメツバキ、モクタチバナ、オガサワラグワ、ウドノキなどのほか、木性羊歯のマルハチ、ムニンヘゴなど。

これらの林相の間に、特産種であるノヤシ（セボレーヤシ）が点在している。つまり小笠原の植生は、熱帯森林の縁辺で海洋的な山地植物群落と言えるものである。

・動物相

小笠原諸島は大洋中の孤島群であり、動物相は植物同様に貧弱であるが固有種の多い島でもある。

鳥類 ── 陸鳥にはメグロ（ハハジマメグロ）、オガサワラウグイス、オガサワラヒヨドリ、オガサワラノスリ、オガサワラメジロ、イソヒヨドリなどの固有種とアカガシカラスバトなど。渡り鳥は約160種以上確認され、海鳥ではミズナギドリ類、カツオドリ、アジサシ類、アホウドリ類などの繁殖地として知られている。

哺乳類 ── オガサワラオオコウモリ（日本最大、体長20cm、翼を広げると50〜70cm）の一種。

爬虫類 ── オガサワラヤモリ（オーストラリア、ポリネシアに分布）の一種。

昆虫類 ── 約420種以上おり約100種が固有種である。オガサワラセセリ、オガサワラシジミ、ウスイロコノマチョウ（蝶類）、オガサワラゼミ、オガサワラツクツク（セミ類）、オガサワライトトンボ、シマ

13

〔第1章〕小笠原諸島の自然環境

　　　　アカネ、ハナダカトンボ（トンボ類）、オガサワラタマムシ（甲虫）、
　　　　オガサワラクサヒバリ、オガサワラクビキリバッタ（直翅目）など。

　節足類 ── ムカデ、ヤスデ、クモ類の多数が特異な分化をとげている。

　陸産貝 ── 淡水産を含め約 68 種が知られ 49 種が固有種である。カタ
　　　　マイマイ類が多い。

・海洋生物相

　小笠原諸島は海流として黒潮の幹流と赤道海流の中間にあり、両海流の
分支流が環流となって海水の温度を高めているため約 50 種類以上の造礁
サンゴ類（石サンゴ）が発達している。貝類、熱帯魚、ウニ類、ヒトデ類
や海藻類も豊富に認められ、小笠原の海産生物は全体的に本州島、四国島、
九州島では認められない熱帯系の動物相と言える。

　魚類 ── 約 250 種類の磯魚とサンゴ磯魚がおり、チョウチョウウオ類、
　　　　スズメダイ類、ヤッコウ類、カワハギ類、ベラ類、ニザダイ類、
　　　　ブダイ類やアジ類が多い。

　甲殻類 ── カノコイセエビ、ゴシキイセエビ、シマイセエビ、ウモレ
　　　　オウキガニなど。

　哺乳類 ── ザトウクジラ（小笠原周辺が繁殖地）、ハシナガイルカなど。

　爬虫類 ── アオウミガメ（日本最大の繁殖地）、アカウミガメの産卵場
　　　　として有名である。

　貝類 ── シラナミガイ（シャコガイ）、スイジガイ、クモガイ、カサガ
　　　　イやハチジョウタカラガイ、キイロタカラガイ、ウミウサギ（タ
　　　　カラガイ類はミクロネシアと同型）、タケノコガイ類など。

　ウニ類 ── ミツカドパイプウニ、ガンセキ、シラヒゲウニ、ジンガサ
　　　　ウニなど（東京都公園緑地部自然公園課 編 1970、伊豆諸島・小笠原
　　　　諸島民俗誌編纂委員会 編 1993）。

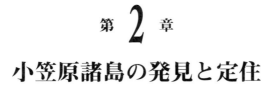

第 2 章

小笠原諸島の発見と定住

〔第２章〕小笠原諸島の発見と定住

　小笠原諸島は英名で「Bonin Islands ＝ボニン・アイランズ」と呼ばれ、これは日本語の「無人島」の「むにん」が訛って「ブニン→ボニン」になり命名されたものと言われている。その証拠に江戸時代の文献や、同時代の欧米人の記録をみるかぎり先住民のいない無人島であった。

1．小笠原諸島の発見

　小笠原諸島の発見は、15 世紀末にイタリア人のクリストファー・コロンブスが新大陸を発見し「大航海時代」の幕が開き、ヨーロッパ人による「火山列島」に関する目撃日記が残されているが、上陸したという記録は存在していない。

・スペイン人による目撃

　1543（天文 12）年 9 月 30 日、スペインの第 4 回東洋遠征艦隊の司令官ルイ・ロベッツ・ヴィラロボスが、サン・ファン号（艦長ベルナルド・デ・ラ・トーレ）でフィリピンから北方海域の調査探検中に、北回帰線付近の海面で数ヵ所から噴火している島を発見した。そしてこの島と南北の二島を合わせて、ロス・ボルカネス（火山三島）と命名した。これが今日の硫黄列島（火山列島）についての、最も古い記事と言われている。この時、この島の北東方向でも一つの島を発見し、フォルファナ（西之島？）と命名している。

　この天文 12 年 8 月には、ポルトガル船が大隅諸島の「種子島」に漂着し、初めて日本に「鉄砲」（火縄銃）を伝えた記念すべき年でもあった。

　1565（永禄元）年からスペインによる「ガレオン船貿易」が、フィリピンのマニラとメキシコのアカプルコ間で開始された。この貿易船の航海で、

16

1. 小笠原諸島の発見

西から東への復路航行途上、硫黄列島海域を通過するコースをとっていた。

　1587（天正 15）年スペイン船が硫黄島の周囲を回って近くから観察した時、この島には植物がまったく見られず、水もなく、港にもなるべき湾もなかったため、イスラス・シン・プロペチョ（無益の島）と呼んだ。おそらくこの頃に硫黄島で大噴火があって、その直後の島の惨状をスペイン人は目撃したのではなかろうか。

　その後、江戸時代に入った 1706（宝永 3）年、1717（享保 2）年、1729（享保 14）年には、ヨーロッパ人によってサン・アレキサンドロ島（北硫黄島）が目撃されている。

・「小笠原島」命名の伝承

　日本は、16 世紀後半の安土桃山時代になると「南蛮貿易」が盛んになった。1592（文禄元）年には豊臣秀吉が異国への渡航許可証（朱印状）を発行し、日本にも「大航海時代」が到来する。

　小笠原諸島の発見は、伝承によると「小笠原島」の名前が付いたとされる、小笠原民部少輔貞頼が最初の発見者と言われている。

　1593（文禄 2）年、信濃（信州）深志（松本）の城主小笠原長時の曾孫の民部少輔貞頼は、朝鮮の役で徳川家康に従って肥前名護屋に在った。帰朝にあたり家康は、小田原出兵以来の数度の軍功に対して賞すべく領地がなく、もし南海にしかるべき島山でもあれば手柄次第に乗っ取れという証文を与えた。貞頼はこれにより無人の島を探検して所領とするべく、伊豆より南の南海に船を出して、八丈島の辰巳（南）の方向に三つの島を発見して船を湾内に入れ上陸した。そしてこの島に登れば、大樹密生し、百草暢茂、巽禽樹間に郡遊していた。

　帰国後、島の地図や物産を献上し、秀吉からは永々領知すると、また家康からはその苗字を以て島の名（小笠原島）となすべしとの上意が与えら

17

〔第 2 章〕小笠原諸島の発見と定住

れたという。

　1594（文禄 3）年、小笠原貞頼は、前年発見した島々に再度渡海して「日本国天照皇大神宮地島長源家康公幕下、小笠原四位少将民部大輔源貞頼朝臣」という標柱（ほか 1 本）を建てて帰国したという。こうした渡海行為は、貞頼の子民部長直が引き継ぎ、1625（寛永 2）年まで続けられたが、幕府の方針などで中止したという。

　こうした貞頼による小笠原島発見の由来は、江戸時代中期の亨保年間（1716 年〜 1735 年）の写本で作者不詳の『巽無人島記』に初めて出てくるもので、現在では「伝説」の域を出ないものと解釈されている。

・オランダの進出

　17 世紀に入ると、イギリス、オランダ両国の海外進出が盛んになる。

　1613（慶長 18）年、仙台藩主伊達正宗は、支倉常長らを遣欧使節としてヨーロッパへ派遣した。やがて江戸幕府は、キリスト教の布教禁止等を理由にして「鎖国政策」に突入していった。

　1639（寛永 16）年、オランダの東インド会社総督の命令で、日本近海の金銀島の発見に赴いたマテスィ・クワスト（エンゲル号）とアベル・ヤンスゾーン・タスマン（グラフト号）らが、7 月 17 日〜 22 日にかけて日本列島近海で幾つかの無人島を望見した。この島嶼は、小笠原（沖の鳥島、北硫黄島、母島列島、父島列島及び聟島列島）と考えられている。

　1643（寛永 20）年、オランダの東インド会社提督の命令で、日本近海の金銀島の発見に赴いたオランダの探検航海者ド・フリースが小笠原諸島に接近し、エンゲルス・トローフテ（沖の鳥島）、ホーヘ・メーベン島（北硫黄島）、エンゲル島（母島）、フラハト島（父島）、フラハチ岩礁（聟島列島）と海図に記載した。

1. 小笠原諸島の発見

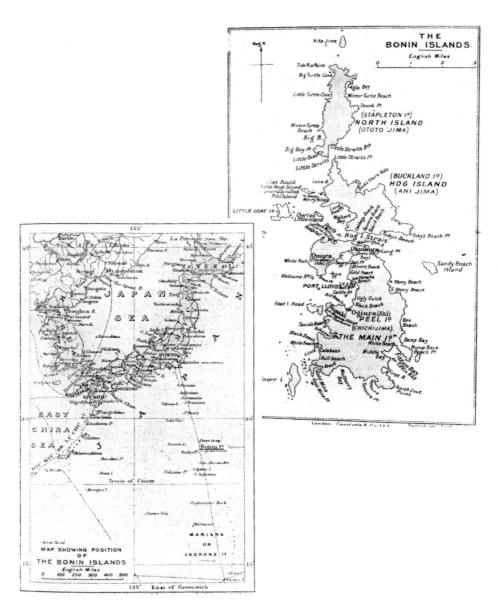

図3 ヨーロッパ人が記録した小笠原(ボニン・アイランズ)の地図(1915年ロンドンで発行)
(「倉田洋二 編『改訂版 寫眞帳 小笠原 発見から戦前まで』アボック社」より転載)

〔第2章〕小笠原諸島の発見と定住

　タスマンらの航海日誌と海図は、1842（寛永19）年にフォン・シーボルトがアムステルダムの東インド会社で発見し、著書の『日本』にも記されている。オランダ人はその後も、ウースト・アイランド（荒れた海）の名で小笠原を認知していた。

・「小笠原島」発見の正史は漂流民の記録

　小笠原島の発見が日本人に知られるようになったのは、幕府に提出された漂流民の報告書が最初の発見記事と言われている。

　1669（寛文9）年冬、阿波国海部郡浅川浦の船主勘左衛門、水夫安兵衛、秀之丞、三右衛門ら一行と、紀州藤代の商船の船頭長左衛門ら7人は、12月に江戸にミカンを運ぶ予定で紀州（和歌山）を出発した。ところが遠州沖で暴風に遭遇し難波し、翌年の2月20日に無人島（現在の母島）に漂着した。島に上陸してみると、無人島で先住民や彼らより先に漂着した人のある形跡もないことが分かったという。

　勘左衛門は母島で死亡したが、長左衛門ら残り6人は、元船の板木を使って箱型の小船を造り、付近の島々を数ヵ月に亘り探検し、島の数、大きさ、珍しい植物や物産について探検した。

　1670（寛文10）年4月28日、長左衛門らは母島を出航し、5月初めに八丈島に到着した。そして5月5日に八丈島を出航し、5月7日に伊豆洲崎に無事到着する。長左衛門ら6人は、8月に下田奉行に遭難のてん末、島の広狭、山嶺、草木、水利、海深、禽獣、魚介などを口述した。

　それによると、島の周りは十里ほど、湊は船20〜30艘も繋げる。西南の良港あり、人はおらず、居住した跡もなく、田地になるところ1ヵ所1町歩ほど、切畑になる所がある。水はたくさんあり、二抱えほどの大木があり、シュロも林をなすほど多く、ビロウ、クサトベラ、クワなどがあり、この外、見知らぬ木がある。周囲一里から三里ほどの島々が15ほどと、

周囲 12 から 13 里ほどの島と 17 から 18 里ほどの島があった。またこの無人島は、八丈島の南三百里に存在すると推定した。

現在、勘左衛門らの冥福の碑が、父島奥村に 1862（文久 2）年に建立されている。また幕府が行ったこの漂流に関する長左衛門らからの口述記録は、二通の口述書（1670 年）として現存しており、小笠原に関する最も信頼できる古文書と考えられている。

・幕府の「第 1 回延宝巡視」

この八丈島のはるか南方に、まったくの無人の地で、そのうえ先住民や漂流者の住んでいる形跡もない豊かな島発見のニュースは、当時かなりの評判になったようであった。

1674（延宝 2）年 5 月、幕府評定所はひそかに長崎出身の官船船頭嶋谷市左衛門を江戸城勘定所に呼び、この無人島の探検を計画した。ちょうど長崎で新造した嶋谷所有の末次船（500 石積、唐船仕立ての帆船）があったので、これを巡視船にあてた。

1675（延宝 3）年閏 4 月 5 日、幕府の命をうけた長崎の船頭嶋谷市左衛門ら一行 38 名は、末次船（で伊豆下田を出航し 4 月 7 日に八丈島、4 月 9 日に青ヶ島、4 月 19 日に鳥島、そして 4 月 29 日に無人島（父島・宮の浜）に到着した。5 月 10 日は積んできた板材で小船を建造し、周辺の島々を探索した。5 月 15 日には母島に到着し、19 日には父島に帰船する、

巡視隊はこうして約 20 日間かけて島々を測量し、地図を完成させるとともに、「父島、母島、兄島、弟島、姉島、妹島、東島、南島、西島、孫島」などと各島名を付け、総名を「無人島」とした。さらに巡検隊は父島の宮の浜に祠（神社）を建立し、天照皇大神宮、八幡大菩薩、春日大明神の三神を勧請し、この祠の脇には「此島大日本之内也」云々と明記した。

巡視隊は 6 月 5 日に無人島（父島の二見湾）を出航し、12 日に伊豆下

〔第2章〕小笠原諸島の発見と定住

田に帰着した。この延宝の巡検隊の報告書で、初めて小笠原を「無人島」と呼んでいる。

　当時の幕府は鎖国体制下にあって、この報告以後に小笠原を「無人島」「巽無人島」と呼ぶよう命じている。また幕府によるこの「延宝巡視」は、近代において小笠原が日本領として認められた根源ともなっている重要なものであった。

・世界に「ボニン・アイランズ」定着

　漂着と巡検によって確認された南方の無人島の情報は、1690（元禄3）年に長崎オランダ商館に赴任したドイツ人医師ケンペル（2年間滞在）によってヨーロッパに伝えられた（1727年初版の『日本誌』に掲載）。日本では1785（天明5）年の林子平『三国通覧図説』が、当時の情報を詳しくまとめた最初の刊本であった。この本は1817年にフランス人レミューザが発表した論文で引用され、無人島はその読みから「ボニン・アイランズ」と紹介され、さらに1832年にドイツ人の東洋学者クラブロートによってパリーで仏訳され、小笠原島が国際的に知れることになった。さらにこの仏語訳本は、日本に来航したペリー提督によって見出され、著書の『ペリー提督日本遠征記』に英訳文が転載されて「Bonin Islands」が欧米系の小笠原地名として定着したのである。

・幕府の「享保巡視」と貞任事件

　1722（享保7）年幕府は、伊豆、相模の代官山田治右衛門の建白を受け、同人を無人島巡検使に命じた。山田巡察使は八丈島に渡り島民を募り、小笠原巡検の準備に着手するが、島民は渡航の不安から下知に従わず計画倒れに終わった（享保巡視）。

ところが 5 年後の 1727（享保 12）年、小笠原貞直の孫と称する浪人の宮内貞任が、父祖からの遺業を継いで小笠原島へ渡航したい要請があり許可された。その結果、この「享保巡視」の山田巡察使による無人島への渡島計画は中止された。

幕府はこの宮内貞任の願いを、深い吟味をせずに許可した背景には、この「享保巡視」の挫折を補う意図があったといえる。

1733（享保 18）年 11 月、老齢の宮内貞任の甥と称する式部長晃は、大坂で渡航準備を整え、鳥羽湊に仮泊してから無人島に向かったが、出航後の 4 年も立っても消息が不明であった。船には船員、樵、金掘り、薬草織りなど、18 名余りが乗り組んでいた。

1735（享保 20）年、宮内貞任らは、探索船派遣の資金援助を幕府に願い出た。この時、初めて貞任の素性に疑問が持たれ、本家筋の小笠原家に身柄を預けられて取り調べを受けた。その結果は、貞頼の発見を裏付ける証拠もなく、本人の自白もあってすべて虚偽と判明して、その責を受けて追放に処せられた。

この事件「小笠原宮内貞任一件」は、小笠原貞頼の実在、非実在の議論は別にして、事件に関する提出文書が、幕末期に小笠原の帰属問題発生に際し、我が国領有の論拠として活用された功績は重要であった。つまり、この事件以後、この「無人島」と呼ばれていた島が「小笠原島」と俗称されるようになったのである。

・小笠原島巡視の中断

1739（元文 4）年 1 月 12 日、江戸堀江町の宮本善八船、沖船頭富蔵ら 16 人は、昨年 7 月に奥州の八戸に商売に行った。八戸を 11 月 2 日に出航し、10 日に仙台で日和待ちした。12 月 1 日房州の洲崎に至った時、暴風雨に遭遇し漂流することになる。12 月 8 日になって八丈島を遠望するが

〔第2章〕小笠原諸島の発見と定住

接岸できず、大洋中を漂流し正月も船中で迎える。さらに島数を7から8つ過ぎたあたりに、大きな島（父島）があり、そこは異国樹が茂り大きな良港も存在していたが無人島らしかった。やがて富蔵らは船を修復し、3月15日に本土に向かって出航し、途中の鳥島で島民に出会い、八丈島を経由して5月29日に無事下田に到着した。

1774（安永3）年、幕府の命をうけた八丈島の役人服部源六等が小笠原島に向かったが、暴風雨で四国方面に漂流し計画は挫折した。

このあと幕府は数次の小笠原島への渡航を計画、実施するがいずれも失敗に終わっている。これ以後約150年間正式な渡航はなく、不事の漂着が10件程度記録されるにとどまっている。

小笠原の地名は1727（享保12）年、小笠原宮内貞任なる浪人が奉行所に提出した『巽無人島記』と題する作者不詳の写本が大元になっている。貞任の主張では、父島は26里×90里、母島は10里×27里と述べているが、実際には最大でも2里強（父島）、3里強（母島）の島で、架空の話であった。

しかし、具体的に親族に因んだユニークな地名は「無人島」のイメージを膨らませ、貞任の先祖が1593（文禄2）年に「小笠原島」を発見したという話は、小笠原発見伝承として定着していった。幕末になって、幕府が小笠原回収に向かった時にも、「故事」として引き合いに出されている。

2. 最初の定住民はハワイから

　1820年代になると、欧米人の捕鯨活動の遠洋化が北太平洋にも及び、小笠原への本格的な来航が開始された。この捕鯨黄金時代は「アメリカ式捕鯨」と呼ばれ、300〜500トン級の大型船5〜6隻にボートを積み、鯨の群れを発見したらボートで接近し大型銛で仕留めるものであった。また捕獲した鯨は船上で解体され、鯨油だけを樽に詰めて持ち帰り灯油用に使用した。

・捕鯨船の来航

　1824（文政7）年9月11日、イギリス捕鯨船トランシット号が太平洋で一群の無人島を発見した。一番大きな島に到着し、コッフィン船長はこれを新発見の島々と見なし、最大の島に捕鯨船が所有する商会名を付して「フィッシャー」（母島？）と命名し、その素晴らしい入江に船長名を付け「コッフィン」（沖港）と名づけた。さらに第二の島にキッド（向島？）、第三の島にサウス、第四の島にビジョンと命名した。

　1825（文政8）年、イギリスの捕鯨船サプライ号が父島二見湾に入港し、欧米人として最初の足跡を父島に残した。

　1826（文政9）年、イギリスの捕鯨船ウィリアム号が、父島の二見湾で沈没する。そして2名の乗組員が残留し最初の居住者となったが、1828（文政11）年のロシア軍艦で退去した。

　1827（文政10）年6月5日、イギリスの軍艦ブロッサム号（艦長ビーチー）が父島・二見港に来航した。イギリスは本諸島の領有を宣言すると共に、測量と島名の旨を記した銅板を洲崎の大木に打ちつけた。彼らは全島を「フランセス・ペリー」、父島を「ピール島」、二見港を「ポート・ロイド」、兄島を「バックランド島」、弟島を「ステープルトン島」、母島群

〔第2章〕小笠原諸島の発見と定住

島を「ベイリー群島」、聟島を「バリー島」と命名している。

1828（文政11）年5月1日、リュトケの指揮する探検隊を載せたロシアの軍艦セニャービン号が来航する。やはり領有を宣言しようとしたが、本国政府の反対で果たさなかったという。なお父島に残っていたイギリスの水夫2名が、この船で退去したことで一時「無人の島」になった。

・ハワイからの入植者たち

新発見の島々の情報は、いち早くサンドウィッチ諸島（現在のハワイ・オアフ島）にも伝わった。ホノルルのイギリス領事リチャード・チャールトンは、捕鯨船の寄港地として重要になったこの「ボニン・アイランズ」の開拓を計画し、たまたま同地に滞在し新天地への移住を意図していた複数の欧米人に相談を持ちかけこの勧めに応じることになった。それはイタリアのゼノア生まれのマテオ・マザロ（イギリス国籍、団長）、リチャード・マイルドチャンプ（イギリス国籍）、アメリカのマサチューセッツ州生まれのナサニエル・セーボレー（アメリカ国籍）、アメリカ人のオルディン・ビー・チャビン（アメリカ国籍）、チャールズ・ジョンソン（デンマーク人）の計5人である。そして彼らに率いられたカナカ人（ポリネシア人、ミクロネシア人など太平洋諸民族の総称）男5人、女10人、総勢20名の入植団が結成された。

1830（天保元）年5月下旬、一行20人はサンドウィッチ諸島（現在のハワイ・オアフ島）のホノルルから1隻のスクーナー船（縦帆式船帆船）で、家畜数頭を携えて出発し、6月26日に小笠原諸島のピール島（父島）のポート・ロイド（二見港）に到着し居住を始めた。この時、帆船の乗組員3名も下船し、合計23名が「小笠原島最初の定住者」となった。

居住地は洲崎に丸太を組んで、タコの葉で屋根を葺いた小屋を建て、集団で開墾した。そして寄港した捕鯨船に、飲料水や野菜、果実、ウミガメ

2. 最初の定住民はハワイから

を供給して生計を立てていた。

その後、イギリス勢は島を去り、アメリカ人のセーボレーが島の首長格となった。セーボレーによると、1833年1月1日〜1835年7月1日までの31ヵ月間に、ポート・ロイド（二見港）を訪れた船は捕鯨船22隻を含めて合計24隻であった。

1837（天保8）年、イギリス軍艦ローレイ号が、ピール島（植民地）住民の実態調査を行った。この時23人の「初期入植者」の他に、19人の「後の入植者」たちがおり、小笠原島の総人口は42人であると報告している。

・新天地での定住生活

島での言語は、1840（天保11）年の陸奥国気仙郡小友浦漂流民の記録『小友船漂流記』によると、片手を挙げて「アロハ」と挨拶し、多くの品物や身体の呼び名にハワイ語と英語名が付けられていたという。家はシュロ葺きの屋根で、風で飛ばないように木材でおさえ、タコノ葉で編んだ敷物があり、板張りのベッドで寝ていた。

彼らは家畜を飼育し、農業を営んでいた。タマネギやジャガイモなどを栽培し、寄港する捕鯨船に売っていたという。またハワイ系の人びとは、タロイモを主食にしていた。今日小笠原に見られるタロイモ類は、この時のハワイ原産種と言われている。

漁業にも携わり、ハワイで使用されていたカヌー（ハワイ型）を島の木材（ハスノハギリ）で造り、魚を釣針や漁網で漁り、手銛でアオブダイ、サワラなどを突いて食用にした。また産卵のため季節的に海を埋め尽くすほど訪れるウミガメ（アオウミガメ）を捕獲し、共同の畜養場で飼育し年に何度か入港する捕鯨船に売却していた。このウミガメの肉は、長い洋上生活で新鮮な肉に飢えきった船員らを驚喜させたという。

女性の服装は裾が長く2枚重ねで、シャツなどの雑貨を自給生産して

〔第2章〕小笠原諸島の発見と定住

いた。入植者たちは、最初はチーフビリッジ（洲崎）に一つのコロニーを形成し生活していた。その後、奥村や大村などの各海岸部に、個々に分散居住するようになった。捕鯨船からの残留者も相次いだが、この島での生活に耐えられずに他所に去るものも続き、さらに成長した子が捕鯨船の乗組員となって島外に去る者もいた。

　欧米系島民は、ハワイやグアムなどから妻を迎え、子弟の教育のためにハワイに子供を送る者もいた。1830年から1851年までの島民の人口は、出生総数26人、死亡総数26人（幼児12人、成人14人）であり、1840年と1853年の人口はいずれも39人であった。こうした状況からして島民の総数は、日本人が入植するまでは常時40人前後と停滞的な人口構成であった（大熊 1966、石井 1967, 1968、倉田 1983、田畑 1993、小田 1998、ダニエル・ロング 編 2002、小田・水山 編 2002）。

図4　初期開拓民と生活
左：『小笠原島真景図』に描かれた母島（上：子供たちが遊ぶ様子）・父島（下：シュロの小屋での作業風景）の移民たち　右：1840年日本人漂流者が見た移民の様子（「倉田洋二 編『改訂版 寫眞帳 小笠原 発見から戦前まで』アボック社」より転載）

第 3 章

小笠原回収と近代化

〔第 3 章〕小笠原回収と近代化

1. ペリー艦隊の来航

　幕府が小笠原を忘れている間、欧米人による新しい小笠原の発見と開拓の歴史が開始され、列強政策の舞台となっていく。17 世紀から 18 世紀にかけて、オランダをはじめスペイン、イギリス、ロシアなどの国々が小笠原諸島を発見して、小笠原の地図を載せている。また 1820 年代には北太平洋が世界捕鯨漁業の最大の漁場となり、イギリス、アメリカの捕鯨船が大挙して進出しはじめた。これより 50 年間はアメリカ式捕鯨の全盛期であり、いままで省みることのなかった小笠原は水薪の補給や荒天時の避難港として重要な地理的位置として登場したのである。

・捕鯨活動基地として小笠原は重要

　こうして日本開国の 20 年ほど前から、幕府が知らないところで、ボニン・アイランズは欧米人主導の入植地としてスタートし、二見湾という天然の良港を擁した捕鯨船の寄港地として、地理的に重要な地点となっていた。

1837（天保 8）年：イギリス政府は、対清政策の軍事的後方基地としての島の役割に注目した。西太平洋各地に軍艦を派遣して、入植地としての島嶼調査を行ったが、後に香港を手に入れてからは急速に島への関心が失われていった。

1840（天保 11）年 1 月 4 日：陸奥国気仙郡小友浦の及川庄兵衛船、船頭三之丞ら 6 人が中吉丸で銚子に向けて航行中、昨年 11 月 15 日に鹿島灘で遭難し、父島列島に漂着し、島民のカヌーに出会いその案内で父島二見湾に入港する。1 月 5 日に上陸し、3 月 6 日までの 63 日間在島した。3 月 7 日父島二見湾を出航し、3 月 24 日無事に銚子に帰着した。藩主の

30

松平陸奥守奉行所は、島民から授与された海図を没収し報告書を提出させた。

この漂着事件は、165 年ぶりに発生したものであった。

・日本開国と琉球・小笠原の役割

このころ、列強諸国が次々と「琉球」に来航しはじめる。1844（弘化元）年フランス、1845（弘化 2）年イギリス、1851（嘉永 4）年アメリカが上陸している。つまり琉球と小笠原は列強のアジア進出の足場として、どうしても必要な場所であった。

1847（弘化 4）年 4 月：アメリカの捕鯨船フランクリン号に乗ったジョン（中浜）万次郎が来島する。

1849（嘉永 2）年 8 月：香港から 3 艘の船団が父島に来航し、島を占領し 4 ヵ月間にわたって海賊行為を行った。

1851（嘉永 4）年 1 月：イギリスの軍艦エンタープライズ号が母島を経て父島二見湾に来航し、海賊被害の調査を行い島民に武器・弾薬を渡した。

1853（嘉永 6）年 6 月 14 日：アメリカ政府派遣使節のエム・シー・ペリー提督が率いる軍艦サラトガ号とサスケハンナ号が、浦賀へ向かう途上、琉球から小笠原に 4 日間立ち寄り、18 日に再び沖縄の那覇港に向かった。ペリー提督はピール島（父島）に上陸して「ピール諸島植民（自治）政府」（ナサニエル・セーボレー頭官）を樹立し、同盟契約を結んだ。さらに、牛 4 頭、山羊 8 頭、上海広尾牛 5 頭、家禽若干を各島に放した。そして捕鯨船への食料、水、薪の補給地として、石炭用貯蔵地 165 エーカー（清瀬付近）を購入しセーボレーに託した。この時の島民は、父島 31 名、母島 12 名であった。このアメリカの動きを知ったロシアは、同年 8 月にプチャーチン艦隊メンシコフ号ら 4 艘を父島に派遣した。

同年 10 月：ペリー提督は、プリマス号（ケリー艦長）に母島列島の調査

〔第 3 章〕小笠原回収と近代化

を命じた。

1854（安政元）年 4 月：ペリー提督はピール島（父島）にマセドニアン号（アボット艦長）を派遣し、セーボレー宛書簡でアメリカ統治を再確認し本国に引き揚げる。

1860（万延元）年：イギリスは無人島（ボニン・アイランズ）を、イギリス領として自国の『世界地図』に記載して発行する。

2. 幕府による小笠原回収

幕府はやがてアメリカ本国で出版された『ペリー提督日本遠征記』の内容によって、長い間忘れられていた小笠原にすでに欧米人が生活している事実を知ることになった。1860（万延元）年、外国掛において無人島取締りについて審議され、軍艦奉行が小笠原の経営に積極的に乗り出すことになり、在留の英米その他の各国大使に「小笠原開拓再興」の通知を送り、日本の領土として確認させる作業を開始した。

・幕府の「第 2 回小笠原巡視」

1861（文久元）年 12 月 4 日：外国奉行水野筑後守忠徳を長とする武士、技術者、学者、医者からなる一行 92 名が、軍艦咸臨丸で品川港を船出し、7 日浦賀、10 日八丈島に寄港し、父島二見湾には 12 月 19 日に入港し清瀬沖に停泊した。直ちに移住欧米人と話し合いをもち、島民の土地などに既得権を保護し、後に日本人移民団を派遣して小笠原を幕府直轄の経営とすることなどを伝え、父島の旭山山頂に日本国旗を掲げた。この時「ジョン万次郎」が通訳し、島民は父島 19 軒 37 名、母島 3 軒 17 名であった。翌年の 3 月 11 日咸臨丸は二見湾を出航し、3 月 16 日夜に伊豆下田

32

に帰着する。

　ここで幕府は新たに法令を定め、入港規則と母島を巡見し小笠原島を大きく三列島に区分し父島、母島、聟島列島という家族名を付けた。また扇浦に仮役所を設け、皇太神宮と、新墾の碑を建てている。

　この時、アメリカで捕鯨術を学んだジョン万次郎は、小笠原の海でアメリカ式捕鯨を実践し、咸臨丸もこの操業法を実見した。

1862（文久2）年：昨年12月の咸臨丸の小笠原巡視時、八丈島に寄港できず島民を移住できなかったので、姉妹艦であった朝陽丸で8月21日、八丈島民38名（男女各15名、大工職5名、木挽き1名、鍛冶職1名、船大工1名、内8名は出稼ぎ）を載せ、8月26日に父島の二見湾に着き第1回の小笠原移民として移住させた。幕府はすでに定住していた欧米系島民を奥村に、八丈移民を扇浦に移住させ、約20戸の家屋を建ててそれぞれの生活拠点にした。

　しかし幕府は小笠原開拓支持派の老中の失脚やイギリスとの関係が一時緊張し、日本本土近海の防衛が急を告げ、小笠原開拓を中止せざるをえない事態に陥ってしまった。その結果せっかく移住した八丈島民（38名）と役人を、10ヵ月後の1863（文久3）年5月13日に本土に全員引き揚げて、小笠原はもとの欧米人やハワイ人だけの島に戻ってしまったのである。

3．小笠原の近代化

　明治新政府は王政復古を各国公使に通告（1868（明治元）年）し、外国との和親を国内に布告する。7月17日、江戸を「東京」と改称する。

1869（明治2）年：小笠原島再開拓の議題が出されたが、決定するまでには至らなかった。

1870（明治3）年：谷暢郷、井口直助らは、アメリカ船ニューヨーク号

〔第3章〕小笠原回収と近代化

に便乗し、父島の現地視察を行った。その結果をもって、小笠原の開拓を申請した。

1873（明治6）年：また小笠原島開拓の議が上申され、ようやく経営の派遣が決定されるに至った。

1874（明治7）年：アメリカ人ピールスが父島を占領し、島民を殺傷する事件が世界に知れわたる。

・明治政府が小笠原開拓決定

1875（明治8）年：明治政府は小笠原の再回収と開拓を決定し、探査委員の田辺太一、林正明、小花作助、根津勢吉らを派遣することを決定し、11月21日官船明治丸で横浜を出航し、24日に父島・二見港に入港した。一行は島民の代表者達に統治の再開を告げ、島民も日本政府に保護を受け、法令に従うことを誓った。

この時の住民調査で、14戸71名の島民がおり、ハワイ人10人、イギリス人9人、スペイン人7人、ドイツ人2人、フランス人1人、ポルトガル人1人、その他2人、日本人女性2人、小笠原生まれ37人の計71名であった。ちなみにナサニエル・セーボレーは、前年の4月10日に病没していた。

1876（明治9）年：これら在住の島民を「在来島民」とし、新しく八丈島から日本人移住者37名を送り、正式に日本領土とし法律、規則を守ることを誓わせ、各国に領土宣言を公布する。また小花作助ほか官吏10名を小笠原に派遣し、扇浦に仮島庁を設置した。

小笠原は小笠原貞頼が発見してから実に283年目、幕府による延宝の巡視から201年目、文久の回収から14年目にして正式に「日本の領土」となったのである。

1878（明治11）年：その後、移住者が増加する。この年、島民は日本人

30 戸、194 名になる。

1880（明治 13）年 10 月 5 日：小笠原は内務省から「東京府」の所管になり、東京府小笠原出張所が開設される。横浜―父島間の定期船が、年 4 便になった。この年、島民 381 名になる。

1882（明治 15）年：すべての欧米系住民が、帰化し日本国籍に入る。

・小笠原島庁の設置

1886（明治 19）年 11 月：東京府は小笠原出張所にかわって「小笠原島庁」を設置する。

1888（明治 22）年：島民は 1,000 名を越え、定期船も帆船から汽船になり 3 便から 4 便になった。甘蔗栽培、粗糖生産が中心になり、母島では綿の栽培も行われた。

1891（明治 24）年 9 月：長い間放置されていた火山列島の三島（南硫黄島、硫黄島、北硫黄島）も日本領になり、小笠原島庁の管轄になる。

1898（明治 31）年：マーカス島（南鳥島）が日本領になり、小笠原島庁の管轄になる。

1900（明治 33）年：鰹節生産も順調で、母島に漁業組合が設立され、水産業の基盤が確立する。

1904（明治 37）年：硫黄島の開拓が進み、人口も北硫黄島 156 名、硫黄島 17 名になる。

1912（大正元）年：島民 4,800 名。小学校も父島 2、母島 2、北硫黄島 1 校になる。

1926（大正 15）年：小笠原島庁が「小笠原支庁」に改制される。

1927（昭和 2）年 7 月 30・31 日：天皇の小笠原行幸があり、母島に 3 碑建立される。

1931（昭和 6）年：沖の鳥島が日本領になり、小笠原支庁の管轄になる。

〔第 3 章〕小笠原回収と近代化

1940（昭和 15）年 4 月 1 日：大村、扇村、袋沢村、沖村、北村および硫
　黄島村の 5 ヵ村に町村制が施行される。この時の島民は、父島 4,302 名、
　母島 1,905 名であった。

　列強の領土争奪の荒波にさらされた小笠原諸島は、こうしてやっと我が
国固有の領土として定着したのであるが、1941（昭和 16）年の太平洋戦
争の突入、そして 1944（昭和 19）年の本土強制疎開と 1945（昭和 20）
年の敗戦によって、またしても外国（アメリカ）の施政下に長く置かれる
事態になってしまった。
　小笠原は沖縄とともに戦後領土復帰運動が続けられ（雑誌：「季刊・沖
縄と小笠原」など）、沖縄より 5 年早く復帰（昭和 43 年 6 月 26 日）が認
められた島嶼群である（大熊 1966、石井 1967, 1968、東京都公園緑地部自然
公園課 編 1970、山口 1979、倉田 1983、鈴木 1991, 1992、伊豆諸島・小笠原諸
島民俗誌編纂委員会 編 1993、小田・水山 編 2002）。

36

第 **4** 章

小笠原の考古学調査史

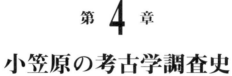

〔第 4 章〕小笠原の考古学調査史

　小笠原諸島における学術調査は、1880（明治 13）年 10 月 8 日、東京府の所管になってから定期航路が開設され、渡島も便利になってから地質学者、植物学者による自然科学分野の研究調査が開始された。人文科学分野の調査は、昭和に入ってから行われ、1929（昭和 4）年、稲村坦元によって、

1　小笠原新治碑・開拓碑、小笠原村父島扇村、昭和 2 年 3 月指定
2　小笠原神社、小笠原村父島扇村、昭和 2 年 3 月指定
3　旗立山、小笠原村父島扇村、昭和 2 年 3 月指定
4　小笠原島庁跡、小笠原村父島扇村、昭和 2 年 3 月指定

の 4 ヵ所が「東京府史的記念物天然記念物勝地保存心得」として一括標識された。これらの指定物件は、1979（昭和 24）年、文化財保護法施行後、昭和 27 年に制定された東京都文化財保護条例の昭和 30 年における改廃に伴い、都旧跡としての取り扱いになっている（永峯 1973、段木 1982）。

1．考古学調査前史

　小笠原諸島の考古学調査史は、1920（大正 9）年の東京帝國大學理學部植物學教室の植物学者中井猛之進の、北硫黄島からの「丸ノミ形磨製石斧」の将来が最初であった。その後、1927（昭和 2）年になると同大學理學部人類學教室の人類学者長谷部言人による「マリアナ地域の人類学・考古学的調査」（長谷部 1928）が、東京→小笠原→マリアナという定期船の旅程コースで行われた。その結果、地理的に中間地点に位置した「小笠原諸島」は、南側のマリアナ諸島や北側の伊豆諸島地域の先史時代文化との関連性が示唆されることになった。1938（昭和 13）年の同大學人類學教室の考古学者八幡一郎の父島での寄港調査（八幡 1939, 1943）も、そうしたマリアナ

地域と小笠原諸島との考古学的研究の一環であった。

・マリアナ地域の調査

　マリアナ諸島は、ミクロネシア地域では最も早く先史時代人が移住した場所で、フィリピン諸島やインドネシア島嶼部から、土器、園芸農業、家畜を持って移住してきたモンゴロイド集団が生活していた。このマリアナ先史文化は、紀元前 1600 年前～紀元後 800 年までの「先ラッテ期」、紀元後 800 年～ 1600 年代頃までの「ラッテ期」、そしてヨーロッパ人による「植民時代」に大きく区分されている。

1521 年：ポルトガル人フェルディナント・マゼランの率いたスペインの艦隊が、太平洋の横断に初めて成功し、グアムとロタ島を発見しグアム島に上陸した。その時、上陸用のボートを降ろしたところ、近づいてきた原住民（チャモロ人）にボートを盗まれたので、近隣の諸島を含めて「盗賊諸島」と命名された。

　メキシコとフィリピンを結ぶ「ガレオン船貿易」が、16 世紀後半～ 19 世紀初頭まで盛んになり、貿易船はグアム島経由が一般的になり、マリアナ諸島には多くのヨーロッパ人が来島した。

1564 年 11 月：スペイン人ミゲル・ロペス・レガスピが、メキシコへの航海中に本諸島を発見し「羅典帆諸島」と改名し、サイパン島に上陸してスペイン領としての占領式を行う。また 1565 年にレガスピは、フィリピンの占領に向かう途中にグアム島に立ち寄り、スペイン領としての宣言を行っている。

1668 年：スペイン人ティエゴ・ルイス・デ・サンヴィトレスが再度（1662 年に一度来航）兵士を伴ってグアム島に到着し、キリスト教の布教活動を開始した。この時、盗賊諸島を改名して、スペイン王フィリップ四世の王妃マリア・アンナの名を付けて「マリアナ諸島」と命名した。

〔第 4 章〕小笠原の考古学調査史

1672 年：サンヴィトレスは、グアム島で地元民の反抗をかい殺害される。

1698 年：スペインは、マリアナ諸島民をすべてグアム島に集めて厳重な
監視のもとにおいた（この事件以後、マリアナ諸島民の人口が激減する）。

1819 年：フランス人の探検隊が、グアム、ロタ、テニアン島に立ち寄る。

1834（天保 5）年：日本人船員 11 名がマリアナ諸島に漂着する。原住民
に厚遇され、グアム島に土着したと伝えられる。

1868（明治元）年：グアム島へ 42 名の日本人が、3 年間の契約で農業移
民として渡った（日本人によるミクロネシアの貿易が増加する）。

1898 年：米西戦争が勃発し、アメリカはグアム島を無血占領する。

1899 年：スペインはグアム島をアメリカに割譲し、グアム以外のマリア
ナ諸島とカロリン諸島をドイツに売却（450 万ドル）し、スペイン領か
らドイツ領になる。

1904 年：マリアナ群島司であったドイツ人ジョージ・フリッツは、ア
ラマガンとパガン島に上陸して石柱遺構（ラッテ）を調査した（Frit
1904）。

1914（大正 3）年：第 1 次世界大戦（〜 1918）が始まり、連合軍側の日
本はドイツ領南洋群島に侵攻し占領（実効支配）した（日本人研究者に
よるミクロネシアの人類学・考古学調査が開始される）。

1915（大正 4）年 3 月：東京帝國大學理學部人類學教室は、長谷部言人、
松村瞭、柴田常恵の 3 人をミクロネシアに派遣した。横須賀港を軍艦加
賀丸で出航し、チューク（トラック）、フィジー、マーシャル、ポーン
ペイ（ポナペ）、コシャエ（クサイ・コスラエ）の順に訪れた。松村と
柴田はさらに西ミクロネシアを回って、小笠原経由で 5 月 7 日に横須賀
港に戻っている（長谷部 1915）。

1920（大正 9）年：旧ドイツ領南洋群島は、国際連盟から日本の南洋委
任統治領と認められ、1922 年には南洋庁（パラオ諸島コロール）が設
置された。

1. 考古学調査前史

1922 〜 1925（大正 12 〜 15）年：ハワイ・ビショップ博物館のホーンボステル夫妻はアメリカ領グアム島に長く滞在して、膨大な考古学的資料を収集し持ち帰った（Thompson 1932）。

1927（昭和 2）年 9 月：人類學教室の長谷部言人は、サイパン、テニアンの両島の人類学・考古学的調査を行った。この時、テニアン島のタガ遺跡などを発掘調査し埋葬人骨 3 体を得た。さらに 9 月中旬 〜 11 月中旬には、パラオ本島とその離島、チューク、モートロック、ポーンペイとその離島を訪れた（長谷部 1928）。

1928（昭和 3）年 7 月 〜 8 月：再び長谷部言人はトラックとポーンペイを訪れ、現地に暮らしていたポリネシア系集団の身体計測を行っている（長谷部 1929）。

1928（昭和 4）年 6 月下旬 〜 9 月初頭：長谷部言人と人類學教室の八幡一郎はコシャエ、ポーンペイ、パラオ、サイパン（八幡のみ）、マーシャル（長谷部のみ）を回った。そして八幡はコシャエ島レロ遺跡、ポーンペイ島ナンマタール遺跡の発掘調査を行った。この調査で墳墓中から魚形に加工した真珠母貝製品を多数発見したのである（長谷部・八幡 1932）。八幡はこの帰路に父島に寄港し、大村の「物産陳列所」で多くの漁具を観察した。その中の釣針に魚形釣針があり、この種の釣針の分布としてポリネシア、メラネシア、ミクロネシア地域、そして小笠原諸島を含めて解説した（八幡 1939, 1943）。

1937（昭和 12）年 8 月 12 日 〜 29 日：慶応義塾大学の松本信広が中心になって結成された「南の会」がミクロネシアを訪れた。参加者の八幡一郎はサイパンのソンソンで石柱遺構（ラッテ）を発掘し、テニアン、ロタを経由してパラオに行きアルコロン遺跡の測量と小発掘をして、コロール付近の洞窟遺跡の踏査を行った（八幡 1943）。

1940（昭和 15）年 1 月 2 日から 3 月 12 日：人類學教室の八幡一郎はマリアナ北部諸島の考古学調査を行った。八幡はアラマガン、パガン、ア

〔第 4 章〕小笠原の考古学調査史

グリガン（アグリハン）、アッソンソン島に上陸し、短期間で島内の遺構、
遺物を調査した。その結果、アグリガン以外の島で石柱遺構を確認した。
またアッソンソン島南部の洞窟では、埋葬人骨の上に大量の籾殻が堆積
した状況を確認しサンプルを持ち帰ったが、残念なことに日本に着いた
時には粉になっていたという（八幡 1940ab）。

1941（昭和 16）年：太平洋戦争が始まる。

1945（昭和 20）年 8 月 15 日：日本は太平洋戦争に敗戦する（終戦）。

1946（昭和 21）年：小笠原諸島と沖縄は、アメリカ政府下に置かれる。

1947（昭和 22）年：南洋群島は、国際連合の太平洋諸島信託統治領とし
てアメリカの支配下に置かれる（植木 1978、加藤編 1997、Intoh 1998）。

1949（昭和 24）年から 1 年間：アメリカ人の考古学者スポアーは、サイ
パン、ロタ、テニアン島の発掘調査を行った（Spoehr 1957）。

1965（昭和 40）年から 1 年間：アメリカ人の考古学者ラインマンは、グ
アム島で発掘調査を行った（Reinman 1968）。

1970・71・74（昭和 45・46・49）年：東海大学の高山純が、マリアナ
諸島のロタ島で石柱遺構（ラッテ）の発掘調査を行った（高山 1973ab）。
（これ以後、日本人の考古学者たちがマリアナ諸島発見の遺物紹介や、小
規模な調査を行っている。一方、地元のグアム大学やアメリカの大学に
よる組織的な考古学調査が開始され、多くの研究成果が発表されている）

・3 本の丸ノミ形石斧

1920（大正 9）年 7 月：東京帝國大學理學部植物學教室の植物学者中井
猛之進は、学生を引率して小笠原諸島の父島、母島、硫黄島に渡島し、
多数の植物を採集し標本として持ち帰った。この調査で硫黄島からの帰
路、北硫黄島に寄る予定であった。しかし海が荒れて接岸できず沖に停
泊していたその時、1 人の警察官が小舟に乗って本船を訪れ、村長から

1．考古学調査前史

図5　3本の丸ノミ形石斧
片刃石斧（長さ14cm）、丸ノミ形石斧（18.2cm）、丸ノミ形石斧（19.2cm）

〔第4章〕小笠原の考古学調査史

預かったという重い包みを中井に手渡して帰っていった（厚生省 井上雄介 談）。この包みの中には、3本の磨製石斧が入っていたのである。おそらく東大の偉い先生が島に訪れるので、この石斧の鑑定を頼む準備をしていたのではないであろうか。

この石斧は、その後。中井猛之進によって植物學教室から人類學教室に寄贈されることになる。

1923（大正12）年8月：中井猛之進は、再度、学生を引率して小笠原諸島の植物調査に訪れた。中井は島庁の協力を得て、指導船「母島丸」で兄島、弟島、南鳥島などの植物調査を行っている。

1942（昭和17）年：東京帝國大學理學部人類學教室の考古学者甲野勇は、この磨製石斧を人類學雑誌に紹介した（甲野1942）。甲野によると、この磨製石斧は刃部が「丸ノミ」のように半円形に磨り込まれたもので、八幡一郎の教示によるとマリアナ諸島に類例があるとされている。しかるにこの1本の石斧の存在によって、明治以前まではこの地域が人跡未踏の荒蕪地と考えられていたこの孤島に、マリアナ系文化を持った住民が一時的にも生活した証拠を物語るものとして貴重な資料と言えると論述した。なお、甲野が紹介した資料は1点だけであった。

1977（昭和52）年夏：東京都教育庁文化課の小田静夫は、東京大学理学部人類学教室で資料調査していた際、この丸ノミ形石斧の存在を確認すべく総合研究資料館のカードを検索した。驚くことに甲野が紹介した1点のほかに、2点存在し合計3点であったことが判明した。3本とも同じ石材で、石斧の表面には「北硫黄島石野平之丞献」とそれぞれ墨書してあった（小田1978）。

では、この「石野平之丞」とはどういう人物であろうか。

火山列島は1543年にスペインのサン・ファン号が望見し、ロス・ボルカネス（火山三島）と命名したのが最初と言われている。その後もスペ

44

イン人の航海者たちによって望見され、硫黄島をイスラス・シン・プロペチョ（無益の島）、北硫黄島をサン・アレッサンドロと命名されている。1779 年にはイギリスの探検家ジェームス・クックの第 3 回の探検時に望見され、1784 年部下のジョン・ゴアが硫黄島をサルファー・アイラントと命名している。しかし、ヨーロッパ人が火山列島へ上陸したとの記録はなく、長らく「無人島」であった。

1876（明治 9）年：明治政府は正式に日本領土として各国に「領土宣言」を公布する。小笠原にはすでに父島（36 人）と母島（3 人）には欧米系の島民が居住していて、これらを「在来島民」として登録した。そして新しく 11 名の吏員と、八丈島から 37 名の移住者を小笠原に送った。

1887（明治 20）年：東京府知事ら一行が北硫黄島に上陸し、島内を詳しく探査したが無人島であった。

1889（明治 22）年 6 月 20 日：父島の船大工田中榮二郎は漁撈試験のためサン・アレッサンドロ島（北硫黄島）に上陸する。田中は好碇泊所（石野村リーフ切れ目）の西方海岸上に 3,000 坪以上の平地（後の石野村）を確認し、地味肥沃なり、海岸は砂浜で、歩行で全島を一周でき、川は 2 ヵ所に認められ、飲料水も存在すると述べている。田中は 22 日に北硫黄島を出航し、さらに南の硫黄島に 26 日に到着し島内を探索した後、7 月 3 日に母島、18 日に父島を出航し、23 日に品川に帰港している（毎日新聞 1889 年 9 月 10 日付雑報）。

1891（明治 24）年：火山列島の 3 島（北硫黄島、硫黄島、南硫黄島）は、勅令をもって「日本領土」となり小笠原島庁の所管になった。これによって定期便が 6 月だけ月 1 回、父島・母島から北硫黄島と中硫黄島に延航することになった。この時、南硫黄島は島を 1 周するだけであった。

1896（明治 29）年 4 月：母島の住民であった石野平之丞（八丈島出身）は、田中栄二郎の報告に触発されて北硫黄島に渡航した。石野は北硫黄島を

〔第 4 章〕小笠原の考古学調査史

気に入り、永住を志して小笠原島庁に開拓許可願を申請した。

1899（明治 32）年：石野平之丞は、島庁の許可を得て母島から北硫黄島
　　に住居を移し、西村、石野村の開墾を始める。これにより移住者も増加し、
　　サトウキビ栽培（砂糖業）が最盛期を迎え世帯数も 40 戸になった。

1902（明治 35）年：石野平之丞は、自費で北硫黄島仮学校を開校する。

1904（明治 37）年 7 月：北硫黄島仮学校を改称して、石野村尋常小学校
　　が開校する。世帯数 36 戸、人口 156 人。

1910（明治 43）年 2 月：石野平之丞は西村と石野村の土地を払い下げら
　　れる。世帯数 37 戸、人口 169 人。

　こうした北硫黄島の開拓史からして、この石斧を寄贈した石野平之丞は
石野村の村長であったことが分かる。

　同様な丸ノミ状の磨製石斧は、マリアナ地域特有の「円筒石斧」の仲間
であった。なお同様な丸ノミ形円筒石斧が 1983（昭和 58）年に父島・西
町の民家で 1 点発見され、北硫黄島との関連が示唆されよう（小田 1987）。
この 3 本の磨製石斧は、現在「東京大学総合研究博物館」に保管されてい
る（小田 1989）。

2．東京都による遺跡分布調査

　1941（昭和 16）年、日本は第二次世界大戦に突入し、1944（昭和 19）
年 6 月 30 日に小笠原島民の本土への強制疎開が開始された。その結果、
小笠原諸島は欧米系の住人をも含めてすべて離島させられ「無人島」になっ
てしまった。戦後 22 年 10 ヵ月の長きに亘りアメリカ軍施政下に置かれ、
1968（昭和 43）年 6 月 26 日に日本に返還され東京都に帰属した。返還さ
れてから直に行われた学術調査は、地形、地質、植物、動物、地球物理お

2. 東京都による遺跡分布調査

よび海中生物など自然科学部門であった。

　人文科学部門の調査は少し遅れ、東京都教育庁文化課が組織した1972（昭和47）年から3ヵ年行われた「東京都遺跡分布調査」と、1977（昭和52）年から5ヵ年行われた「小笠原諸島文化財調査」の二つが最初であった（東京都教育庁社会教育部文化課 編1982）。

・東京都遺跡分布調査会

　1972（昭和47）年4月から3ヵ年、東京都教育庁文化課は都内全域の遺跡分布調査を行う「東京都遺跡分布調査会」（会長・東京都文化財保護審議会、早稲田大学 滝口宏、団長・東京都文化財保護審議会、日本大学 永峯光一）を組織した。この調査は島嶼部に重点をおいたもので、伊豆諸島と小笠原諸島の現地調査を行った。この初めての小笠原諸島の遺跡分布調査にあたって、1972（昭和47）年6月2日～8日、団長の永峯光一、文化課埋蔵文化財の中村万之助係長と学芸員の小田静夫の3人は、準備行として東京竹芝桟橋から「椿丸」（1,000 t）で7日間の小笠原の船旅（船中4泊、島2泊）を行った。このハードな渡島で、小田静夫は二見湾の入り口付近で、船上から遺跡らしい立地地点を発見し、下船後に関係機関に挨拶して直ちに3人で現地を訪れた。驚くことに赤色のラテライト土壌の表面には、黄色く変色した「メノウ製剥片」が多数散布していた。さらに砂岩製の打製石斧と礫器、サンゴ製の礫器も発見できた。これらの資料は帰庁後、文化庁の小林達雄などにも鑑定して頂き「小笠原諸島で遺跡発見」として、永峯団長が新聞とNHKテレビで発表した。これが後に、小笠原諸島No.1遺跡となった「大根山遺跡」発見の経緯である。

　小笠原諸島への考古学調査は、初年度（1972）の8月4日から24日まで、第1次・第2次調査団に分かれて行われた。またこの調査は、小笠原諸島における初めての記念すべき「考古学調査」であった。参加者は、永峯光

47

〔第 4 章〕小笠原の考古学調査史

一（団長）、C. T. キーリ（上智大学）、小田静夫、宮崎博（東京都文化課）、可児道宏、佐藤攻、巾隆之、佐藤正好、能登健、高島徹（多摩ニュータウン遺跡調査会）、明治大学・國學院大學・国際基督教大学生であった。

　（第 1 次調査団）8 月 4 日、昼 12 時に第 1 次調査団は「椿丸」で東京・竹芝桟橋を出航する。翌日未明に八丈島沖合に至るが、台風の接近を知り直ちに竹芝に引き返した。8 日 10 時に再度出航し、10 日午後 2 時に父島・二見港に到着する。小笠原支庁、小笠原村役場を訪問して、準備行の時に遺物らしい石器を発見した「大根山」の踏査を行う。調査団は父島を 13日まで、兄島を 14 日に調査する。母島には 12 日東京都の巡視船「興洋」（46 t）にて 1 渡島し、15 日まで調査する。

　（第 2 次調査団）8 月 16 日正午に、新しい調査団員を乗せた椿丸が二見港に入港する。同船で夕方 6 時に、第 1 次調査団が東京竹芝に向けて二見港を出航した。18 日朝 8 時には、再度母島の調査に向かう。21 日は巡視船「はまぎり」で南島上陸と、父島一周海岸部視察を行う。22 日すべての調査を終了し、調査団は関係機関に挨拶を行い、夕方 5 時に父島・二見港を出航し、24 日午後 2 時無事に竹芝桟橋に到着した。

　この初めての小笠原諸島での考古学調査は、戦後放置されたままの戦争遺物が数多く残っているジャングルの中を踏査し、表面に散布している多くの考古学的資料を採集するとともに、考古学的遺跡の可能性がある地点の測量を行った。しかし遺跡としての確かな地点は確認できず、父島と母島の 2 ヵ所で考古学的資料と考えられる遺物を発見した（永峯・宮崎・小田 1973、宮崎・永峯・小田編 1973）。

① 父島・大根山遺跡（小笠原村遺跡 No.1）

　連絡船が二見湾に入り港に近づくと、前方左側に山稜から急に平坦な断崖が湾に突き出している。この平坦部にアンテナが 1 本立っていて、この周辺に先史時代の石器と推定されるメノウ製剥片多数と打製石斧、礫器な

2. 東京都による遺跡分布調査

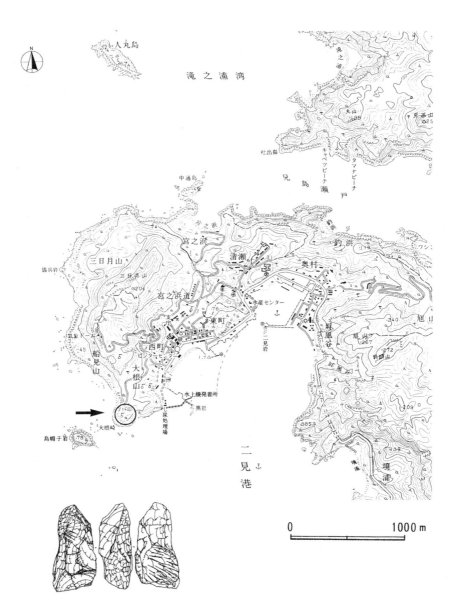

図6　父島・大根山遺跡

49

〔第 4 章〕小笠原の考古学調査史

どが散布していた。

父島では大村海岸に多くの陶磁器片が多数散布しており、時代的には近・現代期の焼き物類であった。また小曲の山道を登った切り通し道の断面に、陶磁器片が集中したピット（ゴミ穴か？）が確認されたが、やはり近・現代期のものであった。いずれも旧島民が使用していた日常雑器が、破棄され遺存していた場所や資料と推察された。

② 母島・沖村遺跡（小笠原村遺跡 No.2）

母島では沖港を中心にして開発工事が進行しており、沖村の整備と高台に都営住宅の建設が始まっていた。調査団はこの港の平地部の工事現場で、近・現代期の砥石、摺鉢、陶磁器類を発見した。

そして港湾を見下ろす高台に立地した都営住宅建設現場では、先史時代の考古学的資料と考えられる擬餌針（ルアー）1 点とタカラガイ（ハチジョウダカラ）の一部に穴を穿った貝製品 2 点を採集した。

・小笠原諸島他遺跡分布調査会

1989（平成元）年から 3 ヵ年、東京都教育庁文化課は「小笠原諸島他遺跡分布調査会」（会長・文化課課長、団長・東京都文化財保護審議会、國學院大學永峯光一）を組織して、小笠原諸島を中心にした我が国最初の本格的な考古学調査を行った。参加者は、永峯光一（団長）、小林達雄（國學院大學）、J. E. キダー（国際基督教大学）、片山一道（京都大学）、篠遠喜彦（ハワイ・ビショップ博物館）、印東道子（北海道東海大学）、B. F. リーチ（ニュージーランド・国立博物館）、M. ハーウッド（ニュージーランド・ポエルア博物館）、S. ラッセル（北マリアナ連邦文化局）、佐倉朔（国立科学博物館）、小田静夫、早川泉、岡崎完樹、小林重義（東京都教育庁文化課）、安里嗣淳（沖縄県立図書館史料編集室）、岸本義彦（沖縄県教育庁文化課）、

50

2. 東京都による遺跡分布調査

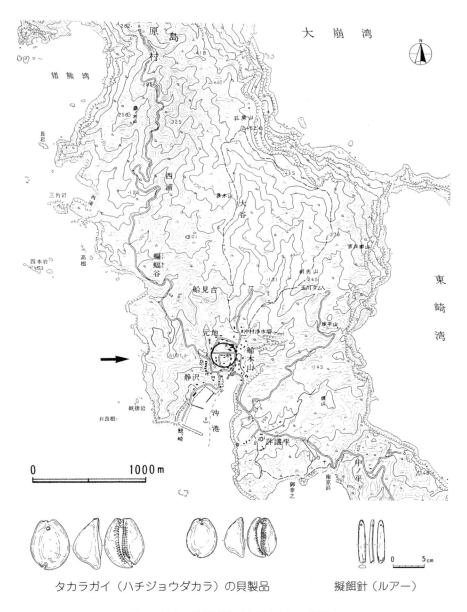

タカラガイ（ハチジョウダカラ）の貝製品　　擬餌針（ルアー）

図7　母島・沖村遺跡（➡ P.74 図13 参照）

51

〔第 4 章〕小笠原の考古学調査史

鈴木高弘（都立小笠原高等学校）、都内遺跡調査会調査員、国際基督教大学・北海道東海大学生。

　今回の調査の主目的の一つに、北硫黄島から大正 9 年に将来された「丸ノミ形石斧」の現地確認があった。しかし初年度の調査では、父島で台風の接近に遭遇し残念ながら北硫黄島への渡島を断念したが、2 年度・3 年度には上陸できた。その結果、3 年度の踏査で、旧・石野村の後背地で念願の「先史時代遺跡」が確認されたのである（永峯・小日置・園村 編 1990、永峯・品田・堀苑 編 1991、永峯・小田・早川 編 1992）。

　初年度―1989（平成元）年：第 1 次調査は 9 月 3 日から 11 日まで行った。小笠原海運の「おがさわら丸」（3,533 ｔ）で朝 9 時に東京竹芝桟橋を出航し、翌日の午後 2 時 30 分に父島・二見港に到着する。

　調査団は、父島と母島でテストピットによる遺跡の確認作業が行われた。5 日から父島では流路の大きい河川の河口付近の砂丘と、大きな砂浜が形成されている砂丘の後背地などを選定し調査された。その結果、地表近くには近・現代（紀元後、1868 年以降）、特に戦場として利用された時の生活遺物が多数出土し、その下層の砂層には海ガメなどの自然遺物が堆積していることが確かめられた。木炭片も各層準から採取しており、今後の年代測定がまたれる。

　7 日には母島に渡る。父島から南へ 51km 以上離れた距離にあり、晴れた日には肉眼で望見することができる。初年度は表面採集に重点をおき、先史人の居住可能な砂浜を中心に踏査したが、残念ながら先史時代遺物の発見はなかった。

　第 2 次調査は翌年の 2 月 11 日から 19 日まで行った。父島、兄島で試掘調査を行い、1 次調査の残務整理をした（永峯・小日置・園村 編 1990）。

　第 2 年度―1990（平成 2）年：第 1 次調査は 7 月 1 日から 12 日まで行った。昨年渡島できなかった北硫黄島への調査を計画した。天候が定まらず 4 日夜に父島を出航し、5 日早朝に無事上陸することができた。旧・石野村、

52

旧・西村を中心に踏査し数ヵ所の試掘を行ったが、旧・集落に関する遺構、遺物が発見されただけで、目的の先史時代関係資料の確認はできなかった。

第2次調査は9月3日から14日まで行った。母島を中心に、その属島を重点的に調査した。4日に母島に渡島し、沖村と北村が良好な生活環境をもっていることから、この両地点を選んで試掘調査を行うことにした。沖港漁協裏に試掘を入れたが近年の資料しか出土しなかった。北港でも同じく集落の中を試掘したが何も出土しなかった。姉島、平島では浜の後背地を試掘したが、自然堆積の貝殻層が確認されただけであった。また母島から帰港して、12日に将来飛行場建設の予定地がある父島の北に接した兄島に上陸し現地踏査を行った。しかし、島の多くが岩の露出した荒れ地であり、戦跡遺構しか確認されなかった（永峯・品田・堀苑 編 1991）。

第3年度―1991（平成2）年：7月1日から11日まで行った。最終年度にあたり火山列島の北硫黄島だけの調査にかぎり、父島、母島での調査は行わなかった。3日の夜、父島を出航した二隻の漁船（第八貴丸・第八潮丸）で、4日の朝に北硫黄島沖に到着した。上陸しベースキャンプ地を設営し、5日から踏査班と昨年の洞穴の調査班に分かれて作業に入った。6日には巨石に線刻画（せんこくが）があることが判明した。

2度目の渡島で、旧開墾地周辺に見られる石積みのケルンを掘り返し、土器や石器などが含まれていないかを調べ、サトウキビの旧畑地を移動した。その結果、旧石野村の後背地、渋川の右岸テラス高台部で、遺跡らしき自然の転石を組んだ「配石」（はいせき）が多数存在するのが確認された。さらに地表面には、土器、石器、貝（シャコガイ）などが多数散布していた。また、その一角にそびえる巨石の平坦面には、線刻画らしい絵が認められた。こうして小笠原諸島で確かな先史時代の遺跡である「石野遺跡」（いしのいせき）が、3年目の1991年7月5日午前10時44分に発見された。調査団は現地から、永峯団長に遺跡発見の喜びを次のような電報で知らせたのであった。

〔第 4 章〕小笠原の考古学調査史

　　　「1991 ネン 7 ガツ 5 カ、10 ジ 44 プン、キタイオウジマニ、イセキハッ

　　　ケン。マルノミノ、ショウタイミタリ、マリアナノ、ヨウシキツタエル、

　　　アカヤキノドキ。ホクイ 29 ド 21 フン、トウケイ 141 ド 44 プン。ダ

　　　イ 8 タカマルノセンジョウヨリ、オガサワラショトウホカイセキチョ

　　　ウサダン……」

　その夜のミーティングで、調査団は「石野遺跡」と命名した。

　年代については、遺跡表面に散布していたシャコガイを、パリノサーヴェ
イ研究所（所長・徳永重元）が C-14 年代測定を行った結果 1980 ± 80y.
B. P.（Gak － 15903）（橋本・矢作・馬場 1992）、さらに炭化物片では 1860
± 40y. B. P.（IAAA － 41487）（橋本・北脇 2005）と測定され、今から約
2000 年前頃の遺跡の可能性が示唆された。

　第 2 次調査は 10 月 3 日から 7 日まで、伊豆諸島の「青ヶ島」に渡島し
現地調査を行った。しかし青ヶ島は江戸時代の 1780（安永 9）年、1783（天
明 3）年、1985（天明 5）年に起こった大噴火で村は全滅し、生き残った
島民は八丈島へ避難した。その後、長い時間をかけて帰島が行われ、1835
（天保 6）年に八丈島から青ヶ島の島民がすべて帰島した。

　この噴火によって青ヶ島の地層は、数 m に及ぶ厚い火山灰によって覆
われており、先史時代の遺跡の確認は困難であった（永峯・小田・早川 編
1992）。

・小笠原村北硫黄島石野遺跡他詳細分布調査団

　1992（平成 4）年、東京都教育庁文化課は「小笠原村北硫黄島石野遺跡
他詳細分布調査団」（団長・國學院大學 永峯光一）を 2 ヵ年計画で組織した。
しかしこの調査は、残念ながら初年度の現地調査で不慮の事故が起こり、
初年度の中途で調査を終了している。参加者は、永峯光一（団長）、小林

達雄（副団長）、早川泉、小林重義（東京都文化課）、都内遺跡調査会調査員、東海大学・國學院大學大学院生、千葉大学生であった（小林・芹澤 編 2005）。

1993（平成5）年7月7日〜20日まで行われた。調査団は静岡県焼津港からチャーター船「ラ・マドンナ号」（386 t）で出航し、9日に父島・二見港に接岸した。早速、小笠原村役場、小笠原支庁、海上保安署に挨拶し、その日の夕方6時に北硫黄島に向けて出航する。翌10日早朝4時に北硫黄島沖に到着し、ゴムボートで調査団員らは上陸し準備作業を行った。調査はこの後、船と現地の設営地との2ヵ所で臨んだ。

発掘調査は11日に現地の伐採と清掃作業を行い、試掘坑を設定した。12日から本格的な発掘調査が始まり、多数の遺物が表面に露出し測量を開始する。発掘調査は14日の午前中まで行われ、巨石に刻まれた線刻画の写真と拓本を行い、遺跡地に多数分布している石積遺構の幾つかを記録して終了した。

調査団は17日午後2時に北硫黄島を出航し、18日早朝5時に父島・二見港に接岸した。ただちに関係機関に終了の挨拶を済ませ、午前9時には焼津港に向かって二見港を出航し、20日の午前11時に帰港した。

この北硫黄島石野遺跡の発見によって、有史以前は無人島（ボニン・アイランズ）と呼ばれていた小笠原諸島に、初めて先史時代人の確かな生活の証拠「遺跡」がここに出現したのである。しかし発見された遺物の中には、当初目的とした「丸ノミ形石斧」の姿はなかった。

しかし多くの打製石斧、磨石類が発見され、こうした石器組成はマリアナ先史文化には認められない内容であり、むしろ本州島、伊豆諸島の縄文文化や琉球列島の先史文化に類似していたのである。同時に採集された土器、シャコガイ製斧形製品はマリアナ先史文化に一般的に認められるものであり、巨岩に線刻された岩絵はポリネシア地域に特徴的なものであった。ここで新たな「石野先史人の故郷」探しが必要になってきた訳である。

〔第 4 章〕小笠原の考古学調査史

3. 国際基督教大学の遺跡分布調査

　国際基督教大学考古学研究室（J. E. キダー）は、数年来「先史時代における日本とミクロネシアの交流路」に関する学術研究を行っていた。そうした中で、近年、伊豆諸島やマリアナ諸島の考古学研究が進展してきたが、その中間地域の「小笠原諸島」については、1972（昭和 47）年の「東京都遺跡分布調査会」による現地調査が行われて以来、何ら新しい考古学的成果の発表がなかった。今回、こうした小笠原諸島の考古学研究の空白を補う上で現地調査の必要性を考え、人文科学科助手の小日置晴展を中心に調査計画が検討された。たまたま東京都教育庁文化課の小田静夫は、同大学の「考古学研究センター」で都内の遺跡発掘資料を整理していて、また都の小笠原諸島の考古学調査に参加した経験から、この調査研究に指導・助言を求められた。

・国際基督教大学考古学研究室の資料

　数次の準備会を経て、1983（昭和 58）年 6 月に「小笠原諸島、父島・母島考古学調査班」（班長・国際基督教大学 考古学研究会菅原道）が結成された。調査の目的は、

(1) 東京都が指定した遺跡の位置を確認し、現在の状況を調べる。
(2) 河川などによる多遺跡地や、その他遺跡存在の可能性がある場所を踏査し、正確な地形測量を行い記録化する。
(3) 現地では可能なかぎり、考古学的な遺物を採集する。

という 3 点について実施することが決定された。また現地調査に際して、

56

3. 国際基督教大学の遺跡分布調査

当方からの留意点として、父島では海岸部は踏査できるが、旧集落跡はジャングル化していて表面採集は困難である。また内陸部は、まだ多くの戦争施設が残されており、危険であるので注意することなどを述べ、とりあえず小笠原村教育委員会に文書で連絡し調査の許可を得ることを伝えた。調査は当初、約1ヵ月を予定したが、連絡船などの関係で10日に短縮された。

1983（昭和58）年7月1日朝11時、調査団員7名は小笠原海運の「おがさわら丸」（3,533 t）で東京・竹芝桟橋を出航し、翌日の午後2時頃に父島・二見港に到着した。早速、村の教育委員会に挨拶して、調査ルートを説明する。とりあえず初日は、父島の都指定「大根山遺跡」周辺を調査して、小笠原諸島の自然環境と熱帯性赤色土壌（ラテライト）の観察を行った。4日の早朝には「ははじま丸」（490 t）で出発し、3時間かけて母島の沖港に到着した。村の母島支所に挨拶した後、沖村の都営住宅地の都指定遺跡「沖村遺跡」周辺の調査を行った。5日には母島北部の北港に向けて山地を徒歩で強行し、旧北村集落周辺の調査を行った。6日には南部の評議平と中野平付近を調査し、評議平発電所付近の切り通し道で、素焼き陶器が断面に露出しているのが確認された。8日朝、父島に戻って、大根山遺跡を調査し、多数の「メノウ剥片」を採集した。9日は午前中に二見湾周辺の調査を行い、午後2時「おがさわら丸」に乗船し父島を後に東京に向けて出航し、10日の夕方に東京竹芝桟橋に到着した（小日置・杉本・菅原1984）。

この調査後、小笠原村教育委員会の森田裕一から、父島・西町の民家の解体時に当家で使用されていた石皿とタタキイシが寄贈され、その一つが「磨製石斧」であったという連絡を東京都教育庁文化課の小田静夫が受けたことを知り、小日置晴展らは再度、小笠原行きを検討することになった（小日置1992）。

1984（昭和59）年8月3日〜9日、父島の磨製石斧の実見を目的に、再度、父島だけの考古学調査（班長：同大写真研究会 水山昭宏）が行われた。す

〔第4章〕小笠原の考古学調査史

でに東京都文化課から小笠原村教育委員会に連絡が入っており、二見港には担当の森田裕一が迎えに来ていた。早速、役場で挨拶してから、父島字西町の丸ノミ形磨製石斧を拝見し写真撮影を行った後、発見されたお宅（岸家）に赴きその由来をお聞きした。

　幸いなことに村の教育委員会には、現小笠原村役場建設に伴って地下3mの砂層から出土した土器片、陶磁器類、貝類、ブタの頭骨と考えられる資料が保管されており、その時代鑑定と分析を依頼された。無文土器片は、調査団によって、近・現代期よりやや古い時代のものではと判定された。

　ブタと考えられる頭骨と骨片類は、独協医科大学の人類学者 茂原信生によって鑑定され、ブタの下顎骨と牛の骨、鳥の骨であった。この下顎骨がブタである証拠として、

　　① 大きさに比し、下顎結合部が長い。
　　② 前歯部の幅が相対的に大きい。
　　③ 大臼歯部の内側外側間の径が大きい。
　　④ 下顎結合下方の筋の付着部のレリーフが弱い。
　　⑤ 下顎結合下方の左右の角の頂点が鈍である。
　　⑥ 下顎結合下方の下顎底に対する傾きが小さい。
　　⑦ 結合後切痕が弱い。
　　⑧ 犬歯歯槽が小さい。

という考察からであった（松浦私信、1990.2.27付、小田宛）。

　このブタの骨は、あまり化石化の程度は強くないように見受けられたが、お茶の水女子大学の人類学者 松浦秀治によってフッ素含有量の分析が行われた。その結果は予想に反して、0.71％という高い値を示した。この値は本州や沖縄で出土した骨遺残についてのデータと比較すると、先史時代でも矛盾しない測定値であった（松浦私信 1990.2.27付、小田宛）。

・父島・西町のタタキイシ

　1983（昭和58）年の暮に、小笠原村教育委員会の森田裕一から、父島字西町の民家で最近民家を解体したところ、その家に古くから所有されていた穀物を叩いたり練ったりする「石皿とタタキイシ」が発見され、村の教育委員会に資料提供されたという報告がもたらされた。そして、このタタキイシは磨製石斧であり、有名な北硫黄島で発見されている丸ノミ形石斧（小田1978）とも良く似ているという。また都立大神山中央公園建設現場から石皿が採集され、父島字西町及び東町区域で大村川河川改修工事など、父島での開発工事が頻発しており、地下に埋蔵される考古学資料の発見が期待される次期が到来しているとの指摘があった。

　東京都教育庁文化課は、1972（昭和47）年の分布調査では確認されなかった確かな磨製石斧の出現と重要性から、早速に現物写真の撮影を依頼し鑑定を急ぐことになった。送られてきた写真を見る限り、石皿はその形態からは時代判定が困難で、小笠原諸島では戦前までこうした生活道具が使用されていた歴史がある。問題のタタキイシは、立派な先史時代の磨製石斧であり、粉砕具に転用されたものであった。その形態からは、北硫黄島の丸ノミ形磨製石斧と同種のもので、さらに南側に隣接するマリアナ諸島のラッテ期に盛行する「円筒石斧」と呼ばれるものと同じ種類であった。また近くでは、北側の南部伊豆諸島の八丈島で発見されている磨製石斧類にも、同様の形態を示す資料が多数確認されている（小田1987, 1989）。

　1984（昭和59）年5月、小笠原村教育委員会は東京都教育庁文化課に緊急調査費を要求し、小笠原村の考古学調査を依頼した。残念ながら年度予算の関係で、この現地調査は実現しなかった。

　同年8月、国際基督教大学考古学研究室（J. E. キダー）は、東京都教育庁文化課が予算の関係で現地調査ができなかった「父島・西町のタタキイシ（磨製石斧）」の実見と記録を目的に考古学調査（小日置・杉本・菅原

[第4章] 小笠原の考古学調査史

1984、小日置 1992）を行い、その成果を東京都教育庁文化課に提供した（小田・早川・岡崎・小林 編 1992）。

　一方、同年9月に東京都生活文化局は「東京都歴史民俗資料所在調査」を行い、東京都教育庁文化課の段木一行はこの西町のタタキイシと石皿などをカード登録した。その記録によると、昭和20年頃まで小笠原では、タタキイシ（叩石・敲石）、またはネリイシ（練石）と石皿はセットとして、調理道具として使用されていたという。水で柔らかくしたトウモロコシの実を石皿の上で、タタキイシで叩いて練ったりしながら潰して、これに適当な味付けをして、オカユにしたり、焼いたりして食べていたという古老の談話も採集している（「1984年度東京都生活文化局資料台帳」より）。

図8　左：父島・大村公園採取のタタキイシ、右：西町発見の石皿

第 5 章
小笠原諸島の遺跡

〔第5章〕小笠原諸島の遺跡

　東京都小笠原村には、現在3ヵ所の埋蔵文化財包蔵地（遺跡）が『東京都遺跡地図』に登録されている。その内訳は父島1ヵ所（大根山遺跡）、母島1ヵ所（沖村遺跡）、北硫黄島1ヵ所（石野遺跡）の合計3ヵ所である。その中で大根山と沖村遺跡は、表面採集で遺物が発見された場所である。北硫黄島の石野遺跡は、表面に多くの土器、石器などの遺物が散布し、さらに石組遺構と考えられる「配石」や巨石表面に「線刻画」などが存在し確かな「遺跡地」であり、1993（平成5）年の調査団によって発掘調査も行われている。

　また父島では、二次的に運ばれた客土中から遺物（磨石）が大村公園で採集された。さらに西町の旧島民の家に戦前使用されていた穀物粉砕道具（摺り棒）が、驚くことに先史時代の石器（磨製石斧）であった。

　こうした事実からして小笠原諸島は、伊豆諸島と同様にこれからも「遺跡・遺物」発見の可能性を多く秘めた島嶼地域であることが理解される。

図9　小笠原諸島

〔第5章〕小笠原諸島の遺跡

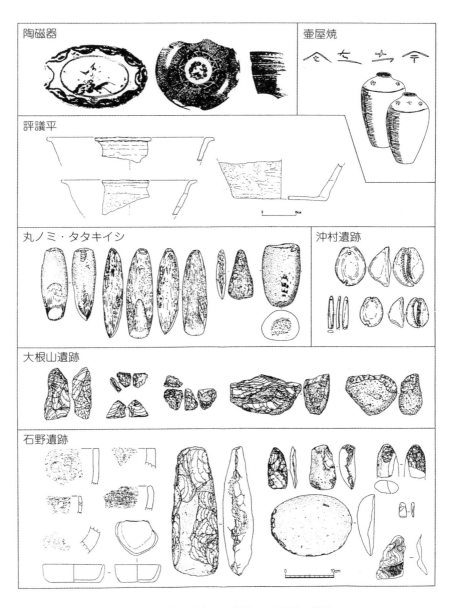

図10　小笠原諸島から発掘された遺跡・遺物

〔第5章〕小笠原諸島の遺跡

1. 父島・大根山遺跡

・所在地

東京都小笠原村父島大根山（小笠原村遺跡 No.1）、「おおねやまいせき」

・経緯

1972（昭和 47）年、東京都教育庁文化課は「東京都遺跡分布調査会」（会長・早稲田大学教授 滝口宏）を組織し、その中で今まで行われたことのなかった「小笠原諸島」への「考古学調査団」（団長・日本大学講師 永峯光一）の派遣を決定した。その準備行を兼ねて 6 月 2 日〜 8 日、調査団長の永峯光一、文化課埋蔵文化財係長の中村万之助と学芸員の小田静夫の 3 人が父島に赴くことになった。

東京・竹芝桟橋を昼に出航した連絡船「椿丸」（1,000 t ）は、二日目の午後に父島・二見港に到着する。連絡船が湾の入り口に入ると、前方左側に山稜から湾に突き出した平坦な岬（大根崎）が見えてくる。亜熱帯地域特有のラテライト性土壌で真っ赤に映るテラス状台地の中央部（標高52m）に、海上自衛隊の電信用アンテナが 1 本立っている。この場所を船上から望見した小田静夫は、遺跡としての可能性を察し下船後ただちに 3人でその場所を訪れた。驚くことに、そこにはメノウ製の剥片類や凝灰質砂岩製の打製石斧、礫器などが散布していたのであった。こうして予期しなかった準備行で、小笠原諸島初の先史時代に遡ると考えられる「大根山遺跡」の発見があり、8 月の本調査に大きな期待が膨らんだのであった（永峯・宮崎・小田 1973、宮崎・永峯・小田 編 1973）。

64

・遺跡

　この場所は、防衛庁小笠原駐屯地のアンテナ建設工事に際し、大根山から二見湾に続くなだらかな山稜をブルドーザーで削り、平坦地に造成された土地であった。この場所に登って行く手前には、小笠原開拓史に名を残す島民（欧米系など）たちが眠る有名な「大根山墓地」が存在している。

　遺物はメノウ製の剥片を中心にして、真っ赤なラテライト土壌の整地面に広く分布していた。その量はそれほど多くはないが、集中して拾える地点も認められた。しかし、遺物包含層はすでに整地工事で破壊されたと考えられ、付近の地層露頭部やカッテングの観察、さらに遺物に付着した赤色土壌などからして、本来はこの台地に堆積していたラテライト性土壌中に包含されていたものと推察された。また、この風化土壌は明確な層序が観察されず、地層断面からは正確な遺物包含部を確認することができなかった。

　採集遺物は1972（昭和47）年と1989（平成元）年〜1991（平成3）年の2回の遺跡分布調査（永峯・宮崎・小田1973、宮崎・永峯・小田 編1973、永峯・小日置・園村 編1990、永峯・品田・堀苑1991、永峯・小田・早川 編1992）と国際基督教大学の1984（昭和59）・1985（昭和60）年の2回の分布調査（小日置・杉本・菅原1984）、また個人的な調査行（中山清隆ら）でも石器が採集されている。それらの現地調査で採集されたすべての遺物を見る限り、石器のみで、土器等の焼物類の発見はなかった。

・調査

1972（昭和47）年6月2日〜8日、小笠原諸島調査準備行で、遺跡地らしい場所から石器発見。

1972（昭和47）年8月4日〜24日、東京都遺跡分布調査会による調査。

〔第5章〕小笠原諸島の遺跡

1989（平成元）年9月3日〜11日、小笠原諸島他遺跡分布調査会による初年度第一次調査。

1990（平成2）年2月11〜19日、小笠原諸島他遺跡分布調査会による初年度第二次調査。

・遺構

すでに削平された場所での表面採集資料なので、遺構などの確認は不可能であった。

・遺物

発見された遺物は、すべて石器で、土器、陶磁器類の発見はなかった。種類としては、打製石斧、礫器、スクレイパー、コアー、フレイクなどであった。なお石質鑑定は、パリノサーヴェイ研究所（五十嵐俊雄 博士）で行われた。

打製石斧

(1) 片刃石斧（アッズ）と考えられるオノ状石器が1点発見された。最大長 10.90cm、最大幅 5.40cm、最大厚 4.00cm、石質は凝灰質砂岩である。分厚い横形の剥片（フレイク）を使用して、全体を荒い剥離で斧状に整えている。刃部は丸ノミ状の凹みを呈し、正面からも剥離が施されている。全体に磨滅しており、非常に軽くもろい石器で、石斧としての実用的使用には向かないものである。

1. 父島・大根山遺跡

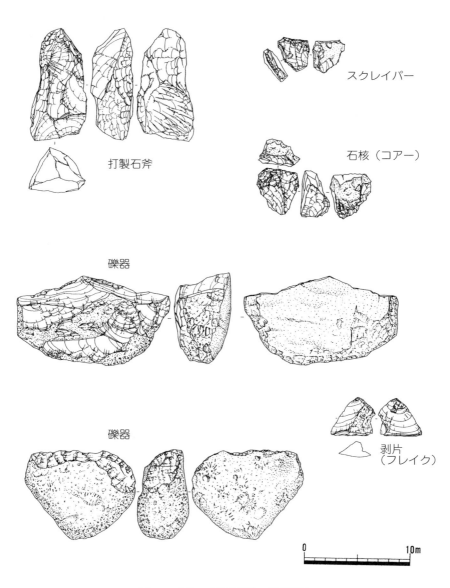

図 11　父島・大根山遺跡の発見石器

〔第5章〕小笠原諸島の遺跡

礫器

凝灰角礫岩製と、サンゴ製の2点が発見されている。

(2) 凝灰角礫岩製は最大長8.90cm、最大幅14.60cm、最大厚5.40cm
である。やや扁平な転礫を使用して、片側を中心にして一方から
敲打を施し片刃礫器（チョッパー）に仕上げている。刃部に使用
による二次的な刃こぼれが認められる。

(3) サンゴは最大長8.60cm、最大幅10.70cm、最大厚4.90cmである。
海岸に多量に打ち上げられているサンゴの磨滅礫を使用して、そ
の長軸に一方から敲打を施し片刃礫器（チョッパー）に仕上げて
いる。

スクレイパー

(4) 剥片の一部に加工痕があるいわゆる削器（スクレイパー）類は数
点存在している。本例は最大長3.50cm、最大幅3.10cm、最大厚
1.30cm、メノウ製である。裏面に自然面を残し表面に剥片の剥離
痕が数条認められることから、石核（コアー）として使用された
あとスクレイパーエッジを施し石器にしているものである。

コアー

剥片を剥離した石核（コアー）も少数存在している。

(5) 最大長4.60cm、最大幅4.00cm、最大厚2.60cm、メノウ製であ
る。メノウのやや角張った小礫を使用して、裏面には自然面を残
し、表面に多方向からの剥離が行われている。打面形成も認めら
れ、限られた石材を有効に剥離するための剥片剥離技術は存在す
るようである。

(6) 本来は石核であり、剥片の剥離技術は本例と同じ方法であること
が看守される。

フレイク

（7）剝片（フレイク）はメノウ製が主体であるが、本例のような凝灰角礫岩製も存在していた。最大長 3.80cm、最大幅 4.10m、最大厚 1.40cm である。表面片側に自然面を有した分厚い縦長の剝片である。裏面の側縁に使用された痕跡である細かい刃こぼれが認められる。

・年代

発見された石器類からは、所属年代は推定できないが、欧米人渡来以前の「先史時代」に遡る可能性は大きい。

・意義

大根山遺跡は小笠原諸島で最初に発見された遺跡であり、また発見された遺物が打製石斧、礫器、スクレイパーなどの剝片を中心にした石器類であったことと、当初まだ小笠原に確かな遺跡の存在がなかった現状で「遺跡」としての認定の不安が残されていた。その後、父島・大村で伝世された立派な「磨製石斧」の確認があり（小田 1989）、また北硫黄島の旧石野村（石野遺跡）で大規模な遺構を伴った遺跡、遺物の確認があり（永峯・小田・早川 編 1992、小林・芹澤 編 2005）、その石器組成は玄武岩製の大型打製石斧類と小型剝片石器類が豊富に存在していた。こうした現状をみるかぎり大根山遺跡の石器文化は、石材（砂岩系、メノウ製）こそ異なるが石野遺跡の打製石斧、剝片石器類とも共通した剝片剝離技術基盤が認められ、小笠原の先史文化の一つの様相であることが判明したことになる。

ちなみに西太平洋を挟んだ西側のフィリピン、琉球列島、台湾にも、こうした玄武岩、砂岩、緑色片岩製の重量石器（大型敲打器）とフリント、

〔第5章〕小笠原諸島の遺跡

石英、チャート製の軽量石器（小型剥片石器）を組み合わせた類似の先史
文化が広く認められることは注目される（宋 1963、高宮 1991）。

・保管

遺物、記録類は、東京都教育委員会の埋蔵文化財係収蔵庫に保管されて
いる。

2．母島・沖村遺跡

・所在地

東京都小笠原村母島沖村（小笠原村遺跡 No.2）、「おきむらいせき」

母島は父島より地味豊かで地形も緩やかである。南半分は評議平と呼ば
れる低い丘陵が続き、戦前は農業地として活躍し農作物、果実などが本土
に多量に出荷するほどであった。北半分はやや高山波が発達し地形も複雑
である。母島にはかって天然の良港の存在する沖村（沖港）と北村（北港）
の2つの集落が存在していたが、現在では沖村の1集落だけに集中して島
民が生活している。

・経緯

父島・二見港から出航した連絡船「ははじま丸」は、南に約2時間で母
島に着く。船が沖村の玄関口の沖港に入ると、正面に砂浜が見えてくる。
沖村集落は、この砂浜東側に流れ出る主河川の大谷川と支流の虫川両低地
に形成されている。集落地は南北に長いが、中央部に西側から張り出した

2. 母島・沖村遺跡

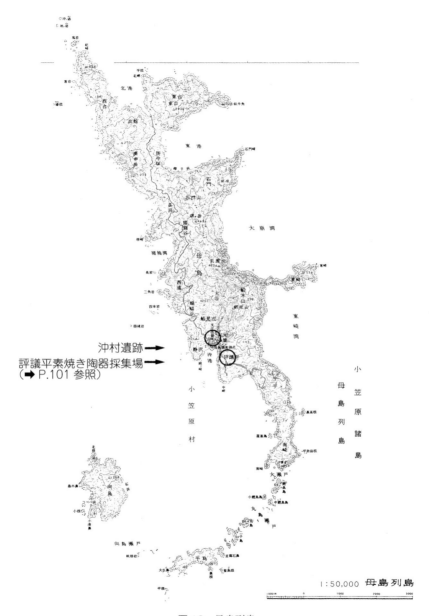

図12　母島列島

〔第 5 章〕小笠原諸島の遺跡

台地(標高 20 〜 30m)によって奥部と入口部の二つの地域に分かれている。

1972(昭和 47)年 8 月 12 日〜 15 日の「東京都遺跡分布調査会」の現地調査時は、母島はまだ旧島民の生活環境準備中の段階で、沖港桟橋に下りると集落に真直ぐに道が一本続いていただけであった。川沿いの道を奥に進んでいくと左側に診療所の建物が見え、その奥左側の高台で都営住宅の建設が始まっていた。この造成工事で削平され盛土された平坦面のやや低い部分で、先史時代と考えられる骨角器と貝製品が発見されたのであった(永峯・宮崎・小田 1973、宮崎・永峯・小田 編 1973)。

・遺跡

遺跡の可能性の大きい沖村集落中央部の張り出し高台部は、近世後期に母島に移住したモットレイの持畑地古地図にも描かれている。それによると他の畑がただの芋畑に対し、この台地北側の奥の畑(現在の母島小中学校敷地あたり)は水芋畑と記録されている。おそらく両小河川が形成した湿地、湧水地が存在し、飲料水を必要とする先史時代においても生活しやすい場所であったと考えられる。

1989(平成元)年 9 月の「小笠原諸島他遺跡分布調査」でも、周辺の畑地で陶器片や、タカラガイ製の貝製品などを採集している(永峯・小日置・園村 編 1990、永峯・品田・堀苑 編 1991、永峯・小田・早川 編 1992)。

・調査

1972(昭和 47)年 78 月 4 日〜 24 日、東京都遺跡分布調査会による調査。

1989(平成元)年 9 月 3 日〜 11 日、小笠原諸島他遺跡分布調査会による初年度第一次調査。

1990(平成 2)年 2 月 11 〜 19 日、小笠原諸島他遺跡分布調査会による

初年度第二次調査。

・遺構

　先史時代の可能性がある遺物が発見された都営住宅造成地は、すでに削平された場所であり遺構などの確認は不可能であった。

・遺物

　発見された遺物は、貝製品と骨角器の二種類で、石器や土器の発見はなかった。

貝製品

　小笠原周辺の海域に多産するタカラガイ（ハチジョウダカラ：Peribolus mauritiana calxequina）を使用して、貝の長軸の細い部分の先端中央に、尖った利器による敲打で小穴が穿孔されているものである。魚釣り用の貝錘、胸飾りとしての垂飾、または子供の遊具（牛歩貝とも愛称されていた）と多くの用途が推察されている。

　　（1）最大長 6.5cm、最大幅 4.8cm、最大厚 3.0cm、一部に 3 × 3cm の孔が開けられている。

　　（2）最大長 8.2cm、最大幅 6.4cm、最大厚 4.2cm、一部に 6 × 6cm の孔が開けられている。

骨角器

　　（3）魚釣り用の擬餌針（ルアー）で、最大長 7.0cm、最大幅 1.2cm、最大厚 0.5cm、頭部に 0.2cm の孔があけられている。骨材は海獣ではなく陸獣の角（シカ、カモシカ、牛）の可能性が指摘されて

〔第5章〕小笠原諸島の遺跡

いる（早稲田大学　金子浩昌　鑑定）。先端は折れており、身の反りがうかがえる。断面は一方が平坦でもう一方は弯曲している。孔は鉄製の利器であけたらしく直線的で、また孔口には鉄サビの痕跡が残っている。

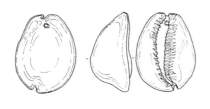
タカラガイ製貝器

骨角製擬餌針

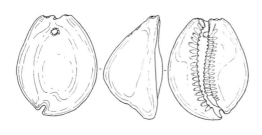

図13　母島・沖村遺跡の遺物

・年代

　発見された貝製品、骨角器から、所属年代は推定できない。先史時代の遺物とも考えられるが、欧米人渡来以後の時期にも存在していた漁具や遊具の可能性も残されている。

・意義

　沖村は母島で最も早く開拓民が上陸し生活拠点を置いた場所であり、沖港周辺には広い砂丘地と真水が得られる河川が山岳部から流れ出ている。また海岸に面した岩場には幾つかの洞穴、岩陰が存在している。遺跡はこうした広い湾を囲んだ後背低地を見下ろす高台部で発見されており、父島・大根山遺跡、北硫黄島・石野遺跡の立地条件もそうである。

　発見された魚釣り用の擬餌針（ルアー）は、骨材がシカか牛の角であることから、こうした陸獣は小笠原諸島には本来生息しない動物なので製品が持ち込まれたことになる。また鉄の使用サビが穴の周辺に付着していることから、鉄器が存在する時代の遺物であることがわかる。今後、近代小笠原開拓時代で、魚釣りに骨利用のルアーがいつごろ存在したかを調べる必要があろう。

　貝製品はタカラガイを使用して一端部に穿孔したもので、この穴に糸を通して使用した道具であり、大きさからみて一般的に魚釣り用の錘（おもり）と考えられないこともない。両例共に長い間赤色のラテライト土壌中に包含されていた証拠に、貝殻の表面は赤味がかった古色を呈しひび割れている。ちなみに現在海岸で採集されるタカラガイは、黒褐色を呈し光沢も残されている。オセアニアの遺跡ではタカラガイを使用してスクレイパーやタコ採り用のルアーが製作されている（印東1981）。

〔第5章〕小笠原諸島の遺跡

・保管

遺物、記録類は、東京都教育委員会の埋蔵文化財係収蔵庫に保管されている。

3. 北硫黄島・石野遺跡

・所在地

東京都小笠原村北硫黄島石野村（小笠原村遺跡 No.3）、「いしのいせき」

父島から、南へ約 275km 行ったところに硫黄島がある。この島を中心に南側に南硫黄島、北側に北硫黄島が位置し、この三つを合わせて「火山列島」（硫黄列島）と呼ばれている。北硫黄島はこの列島最北端に位置した独立島で、南北に長い楕円形の円錐形を呈している。島の大きさは南北 3.3km、東西 2.0km、周囲約 9.0km を測り、最高峰の榊ケ峰は標高 804m で急峻な地形環境をもっている。

海岸部は大小の火山円礫の浜と断崖に囲まれ、砂浜、砂丘などは形成されていない。島の周囲の海域にはサンゴ礁の発達がところどころに認められ、東海岸に比較的大きなリーフと切れ目が存在している。石野村はこのリーフの切れ目に面し、この場所には約 50 〜 100m 標高を示す段丘状の傾斜地が存在している。北硫黄島に戦前あった「石野村」と「西村」の 2 つの集落は、こうした海岸に面したやや平坦な段丘面に立地したものである。なお北硫黄島は、現在、無人島である。

3. 北硫黄島・石野遺跡

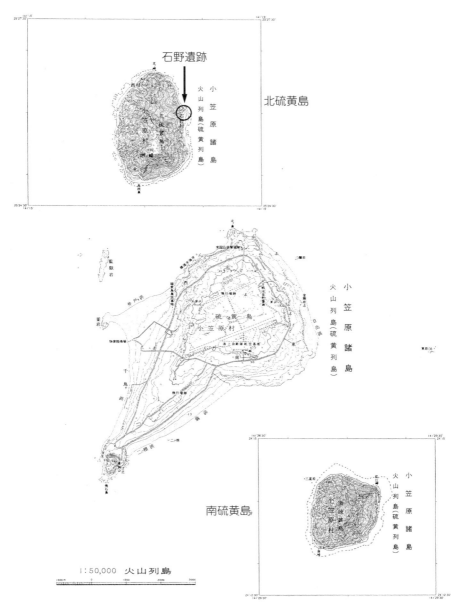

図14 火山列島（硫黄列島）

〔第5章〕小笠原諸島の遺跡

・経緯

　1920（大正9）年7月、東京帝國大学理学部植物学教室主任教授の植物学者・中井猛之進は生徒を引率して小笠原諸島の植物調査に出かけた。そして硫黄島の帰路に北硫黄島に上陸する予定であったが、波が荒く沖合に停泊していた時、島から小舟で警察官が乗船してきて、重たい荷物を中井博士に手渡して帰っていった。この包みの中には、3点の磨製石斧が入っており大学に持ち帰った（井上雄介談）。その後この資料は、同じ理学部の人類学教室に寄贈された。これらの石器の表面には「石野平之丞献」と墨書されていることから、石野村の村長（石野平之丞）から寄贈されたものと考えられる。幸いなことに、1991（平成3）年の「小笠原諸島他遺跡分布調査会」の現地調査で、先史時代に遡る「石野遺跡」が確認された（永峯・宮崎・小田 編1973）。この事実からして、この資料が石野村周辺で発見された可能性が大きくなったと言える。

　1942（昭和17）年、東京帝國大学理学部人類学教室嘱託の考古学者・甲野勇は、この石斧の中の1点（丸ノミ形石斧）を人類学雑誌に紹介した（甲野1942）。

　1972（昭和47）年から3ヵ年行われた「東京都遺跡分布調査会」（会長・滝口宏、団長・永峯光一）で、初めて小笠原諸島についての現地調査が行われたが、渡島が困難なことと、無人島であることから「北硫黄島」への調査は行われなかった（永峯・宮崎・小田 編1973、宮崎・永峯・小田 編1973）。

　1977（昭和52）年夏、東京大学理学部人類学教室で資料調査していた東京都教育庁文化課学芸員の小田静夫は、甲野勇が紹介した丸ノミ形石斧について総合研究資料館の台帳を検索したところ、驚くことにもう2点存在し合計3点存在することが判明した。この資料は、主任教授の埴原和郎と研究員の小池裕子のご厚意で公表することができた（小田1978）。

1989（平成元）年から3ヵ年行われた「小笠原諸島他遺跡分布調査会」（団長・永峯光一）では、この磨製石斧の現地での再確認が大きな目的でもあった。幸いに最終年度に石野村の北側後背地高台部で大規模な先史時代の遺跡（石野遺跡）の発見があり、小笠原の歴史に新しい一ページを加えたのである（永峯・小日置・園村 編 1990、永峯・品田・堀苑 編 1991、永峯・小田・早川 編 1992）。

1993（平成5）年から2ヵ年に亘る「小笠原村北硫黄島石野遺跡他詳細分布調査団」（団長・國學院大学教授 永峯光一）が組織されたが、初年度の調査で海難事故が発生し第2年度は中止し現在に至っている。報告書は第1年度の成果がまとめられた（小林・芹澤 編 2005）。

・遺跡

石野遺跡は北硫黄島で最も早く集落が置かれ、入植にも適した東海岸部の石野村に位置している。先史時代においても、この場所は同じ生活条件にあったと考えられる。

遺構、遺物は、石野村の北側の後背斜面地に立地していた。線刻画のある巨石を中心に、約 50m × 20m の範囲に土器、石器、貝製品、骨片そして自然石を配した石組遺構など多数が存在していた。

またこの場所は、戦前に石野村のサトウキビ集積広場として整地された事実が判明している。さらに戦争中は、軍のトーチカ、塹壕などが多く築かれた場所でもあった。したがって、この場所は石野村の生活空間として整地されたとともに、戦時中にあっては多くの施設が構築され、軍隊による大石の移動に伴って、遺物などが再堆積している可能性も大きい場所である。こうしたことから、石列や積石遺構などについては、二次的状況も考慮して判断する必要性が指摘されている（小林・芹澤 編 2005）。

〔第 5 章〕小笠原諸島の遺跡

・調査

1990（平成 2）年 7 月 1 日〜 12 日、小笠原諸島他遺跡分布調査会の第 2
年度第一次調査。

1991（平成 3）年 7 月 1 日〜 14 日、小笠原諸島他遺跡分布調査会の第 3
年度第一次調査。

1993（平成 5）年 7 月 7 日〜 19 日、小笠原村北硫黄島石野遺跡他詳細分
布調査団の初年度調査。第 2 年度調査は、海難事故により中止している。

・遺構

　石野遺跡から発見された遺構には、広場、石列・祭壇状遺構、巨石など
が存在していた。

広場

　A 地区と B 地区を画する空間で、岩石類が一切存在しない場所を広場と
呼んでいる。その範囲は、長径 11m、短径 8.5m、面積は約 93.5㎡である。
発掘調査によってこの広場からは、多数の土器片、石片、動物骨が出土
した。

石列・祭壇状遺構

　緩斜面を利用して山麓に多量に露出している玄武岩の大石を積み上げ、
中央部に巨石（鏡石）を配置した楕円形や長方形を呈する遺構である。こ
うした遺構の状況を観察するに、列島内の縄文時代遺跡に多数存在する「祭
祀遺構」に酷似している。

　（A 地区）広場の北西部にあり、二段に積み上げられている。前列は大
型石 6 個と中型石 2 個からなり、15m に亘ってやや弧状（楕円形）に築か

3. 北硫黄島・石野遺跡

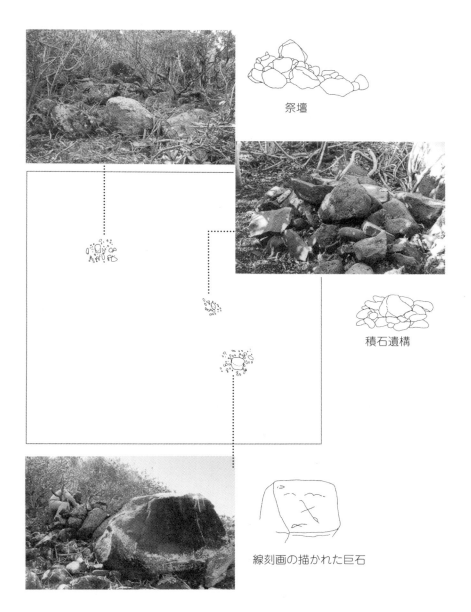

図 15　北硫黄島・石野遺跡の遺構

81

〔第5章〕小笠原諸島の遺跡

れ、東端は広場に向かって張り出している。中央に幅2.3m、高さ1.05m、奥行き1mの巨石（鏡石）を置き、左右にやや小さ目の石を配置している。

　後列は直線で8mに亘って、前列よりやや小さい中型石10数個で面を成している。中央東側には、幅1.4m、高さ1.25m、奥行き1.15mの巨石（鏡石）が置かれている。また石組の隅には、細長い板状石を凹ませた玄武岩製の石臼が一個配置されていた。さらに石臼の延長線上には、高さ30cm程度の石棒状の立石が確認された。石器などの遺物はこの後列に多く分布していた。

　広場との比高は1.5mで、前列の石列より後列は一段高くなっている。

　（B地区）広場を挟んで南東の平場にあり、この石列遺構を中心に多数の積石が点在している。平場の規模は、東西12.5m、南北14mの楕円形で、東側に石列遺構が形成されている。

　この石列・祭壇状遺構の前面は100㎡程度の平坦地になっており、何かの儀式、礼拝などが行われた空間とも推察される。

積石遺構

　山麓に散布している玄武岩の角礫や転礫を積み上げ、楕円形や方形を呈する積石遺構が多数存在している。なかでも大石の中央部に「棒状の石」が配置された例があり、縄文時代のストーンサークル（環状列石）にも似ている。

　　（A地区）確かな例は10基であった。1号は5個の石を中心にして、中央に当時は立っていたと思われる棒状の石（石棒か）が横たわっていた。2号、3号、9号も同様な棒状の石が中央に存在する積石遺構である。

　　（B地区）確かな例は15基であった。1号は1.8m×1.2mの範囲に大小の礫を積み上げたもので、長軸の両端にサンゴとシャコガイを対に配置したと考えられる積石である。6号、7号、14号は棒

82

状の石が中央に存在する積石遺構である。

線刻画の刻まれた巨石

B地区の南側の傾斜地に散乱する岩石群になかで、一際目立つ巨大な岩がある。高さ1.6m、幅1.5m、奥行き1.5m前後の大きさで、上面と前面が平坦になっている。この巨石は海上からも目視できるので、航海者たちの航海の目印になっていた可能性も大きい。

線刻画は、この巨石前面の縦1.25m、横1.20mの平坦面に描かれている。絵は幅1cmほど、深さ数mmの線で、この線はペッキングという手法を用いて、先端の尖った硬い工具で細かく描かれている。

絵の内容は、中央に十字形、左下にアルファー形、真上に鋸歯形、左上に菱形が描かれている。その意味は、十字形は飛ぶ鳥、アルファー形は魚、鋸歯形は山、菱形は雲と推察でき、また星座ではという意見もあるという。

・遺物

石野遺跡から発見された遺物は、土器、石器、貝製品、自然遺物などである。

土器

土器類は、すべて無文土器で、器形を復元できる資料は少ないが、直立気味で平底の深鉢土器が主体で、小型の鉢形土器や特殊な舟形土器などである。

土器の胎土に白色で多孔質の物質が含まれ最初サンゴ片と思われたが、パリノサーヴェイ研究所の橋本真紀夫らの科学分析で岩石片（単斜輝石）であることが判明している（橋本・矢作・馬場1992）。さらに東京都埋蔵文化財センター主任の上條朝宏による分析でも、同じ岩石片との結果が得ら

〔第5章〕小笠原諸島の遺跡

れている（上條 2005）。また土器の表面に付着した赤色・白色顔料については、石英、長石類を粉砕した顔料ではないかとされた（上條 2005）。

胴部の厚さで 3 群に分類される。

A群 ― 胴部の器壁が 1.8cm 以上の厚手のもの。
B群 ― 胴部の器壁が 1.8cm 未満で 1.2cm までの厚さのもの。
C群 ― 胴部の器壁が 1.2cm 未満の厚さのもの。

口縁部と胴部の厚さの違いにより 2 類に分類される。

第 1 類 ― 胴部に対し口縁部の器壁が薄くなるもの。
第 2 類 ― 胴部と口縁部の厚みに差がないもの。

口唇部の形態で 3 項に分類される。

第 1 項 ― 口唇部が直線的で角板状を呈するもの。
第 2 項 ― 口唇部が外側に傾斜しているもの。
第 3 項 ― 口唇部が丸棒状になるもの。

土器には板状の土器片も存在し、相当大形の土器か方形、楕円形を呈する器形の可能性も検討する必要がある。また平面形が船形で、底が平形で船底状を呈する手づくね土器があった。補修孔をもつ土器片も存在している。底部に圧痕のある例もあり、バンダナス（タコノキ）の葉や樹皮状のものを編んだものが確認されている。

3. 北硫黄島・石野遺跡

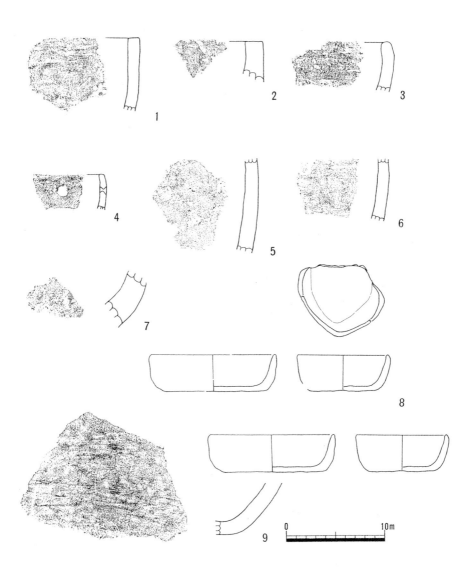

図16 北硫黄島・石野遺跡の土器

〔第5章〕小笠原諸島の遺跡

石器

　石器類は、石斧、掻削器、礫器、磨製石製品、敲磨器、石皿、立石、軽石、剥片、砕片などである。石質鑑定は、上本進二による。

第Ⅰ類　石斧は、すべて打製石斧で形状、調整剥離、規格などから5つに分類できる。
A ― 定型的規格を認められるもの。
B ― 形状調整剥離が正裏両面から加えられるもの。
C ― 形状が基部は幅狭で刃部は幅広となるもの。
D ― 調整剥離が片面の全面に施され、他面は片側半部に止まるもの。
E ― 素材が板状節理片によるもの。

第Ⅱ類　掻削器は、使用形態により縦型を掻器、横型を削器とした。
A ― 掻器。
B ― 削器。

第Ⅲ類　礫器は、比較的大型の円礫素材で、荒く打ち割り刃部を作出している。

第Ⅳ類　磨製石製品は、断面円形で棒状、全面に研磨が施され、研磨面には稜線が認められる。

第Ⅴ類　敲磨器は、磨り痕と叩き痕を器体に認められるもので、形状と器体に認められる磨り痕と敲打痕の有無により3つに分類できる。
A ― 形状が棒状なもの。
B ― 形状が分銅状なもの。
C ― 形状が球状または鶏卵状のもの。

3. 北硫黄島・石野遺跡

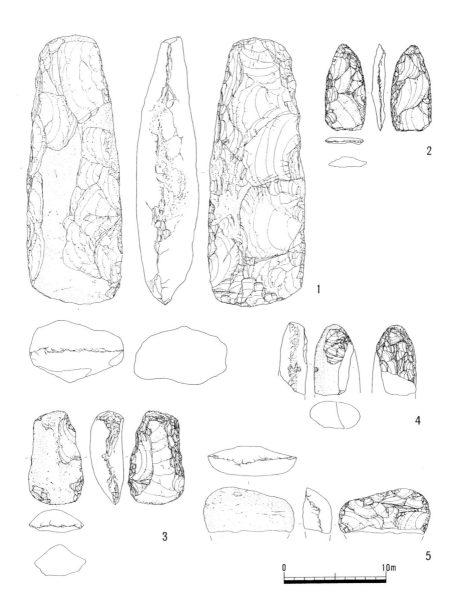

図17 北硫黄島・石野遺跡の石器（1〜5：打製石斧）

〔第5章〕小笠原諸島の遺跡

第Ⅵ類　石皿は、碗状に凹むものと板状のものに分類できる。

A ― 礫を素材とし使用により碗状になったもの。

B ― 板状節理の平石を素材としたもの。

第Ⅶ類　立石は、縦長の円礫を使用している。表面には被熱の形跡
　　　があり、基部は地中に埋設され、立てられていたと考えられる。

　その他に多量の剥片と砕片が存在している。石器制作の際に生じた石片
である。また軽石が発見されているが、製品として整形された痕跡は認め
られないが、鋭利な工具で切りこまれた状況が観察される例があった。

貝製品ほか

　シャコガイを利用した、貝斧、貝斧未製品と骨製の掻削器が発見された。
　貝斧―撥形を呈する小型の貝斧である。下端の刃部には、研磨痕が認め
られる。

　　貝斧未製品 ― シャコガイの貝頂部から腹縁部にかけての、縦長の形
　　　　状を呈する剥片である。撥形を呈し、研磨する以前の打製で整形
　　　　した原材とも考えられる。

　　骨製掻削器 ― ウミガメの背甲板（甲羅）の腹縁部を利用した掻削器
　　　　である。下端の腹縁部に剥離を施し刃部としている。その他の周
　　　　辺部は、わずかであるが磨かれている。

3. 北硫黄島・石野遺跡

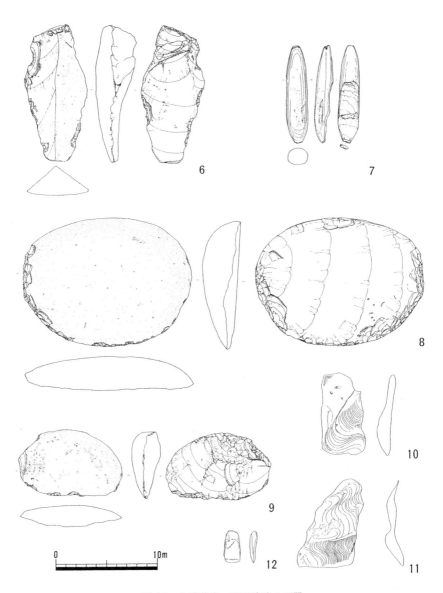

図18　北硫黄島・石野遺跡の石器
（6・8・9：スクレイパー、7：クサビ状石器、10～12：シャコガイ製貝製品）

〔第5章〕小笠原諸島の遺跡

動物遺体

　動物遺体については、国立歴史民俗博物館 西本豊弘（にしもととよひろ）と早稲田大学 樋泉（といずみ）岳二（たけじ）の協力を得て小林（徳永）園子が行った。

　貝類5種、魚類7種、爬虫類1種、鳥類2種、哺乳類2種、その他甲殻類1種、サンゴ類2種で、合計680点採集された。

　貝類は、シャコガイ、サザエ、タカラガイ、アマオブネガイ、ホンスジテツボラ。

　魚類は、ウツボ、ハタ、アジ、ベラ、ブダイ、ニザダイ、モンガラカワハギ。

　爬虫類は、ウミガメ。

　鳥類は、種不明。

　哺乳類は、イノシシ（ブタ？）、イルカ。

　甲殻類は、カニ。

　サンゴ類は、種不明。

・年代

　年代については、パリノサーヴェイ研究所（所長・徳永重元（とくながしげもと））によって、平成元年度の「小笠原諸島他遺跡分布調査会」と平成5年度の「小笠原村石野遺跡他詳細分布調査団」で得られた2点の資料について、C-14年代測定が行われた（橋本・矢作・馬場1992、橋本・北脇2005）。

　　1991年度調査 — シャコガイ、1980 ± 80y.B.P.（Guk-15903）
　　1993年度調査 — 炭化物、1760 ± 40y.B.P.（IAAA-41487）

　この2点の測定結果は補正年代で、1980B.P.と1860B.P.の値を示した。つまり北硫黄島の石野遺跡は、小笠原諸島が欧米人に目視される1543年以前の遥か昔、マリアナ諸島に先史時代人が居住していた約2000年前頃

90

の遺跡と考えられる。

・意義

　石野遺跡で発見された土器、石器、貝製品類は、いまのところ現地に散布する多数の遺物のほんの一部にすぎなく、また表面採集品であるので確かな伴出関係は不明である。しかしその内容をみるに、それほど時期の異なった遺物は認められていない。理化学的な年代でも約2000年前と測定されており、小笠原諸島が文献に登場する遙か以前の「先史時代」の遺跡と考えられる。

　土器は、厚手ですべて無文土器で、器形は直立気味の平底深鉢土器が主体で、小型の鉢形土器や特殊な舟形土器などがある。胎土には岩片が混入され、表面に多数のヒビ割れが生じている。底部は平底で、パンダナス（タコノキ）の葉の網代痕がある。口径は大きく60cm近くの大型品もあり、楕円形口縁をもつ土器の存在も考えられる。製作技法は、薄く伸ばした粘土ブロック板を積み重ねて成形しており、本土や伊豆諸島の縄文土器に認められる粘土紐を積み上げる技法とは異なっている。さらにマリアナ諸島に分布する「マリアナ赤色土器」とも、多くの点で共通した様相は指摘できず、いまのところ石野遺跡で製作された島独自の土器である（早川2005）。

　石器は、多数の打製石斧と乳棒状を中心とした磨製石製品、敲磨器がある。打製石斧には大型品と小型品があり、また礫の自然面を残した例、節理面で板状になった例など多種類である。おそらく舟の製作、木材の伐採・加工、根菜類の採集作業にも使用されたのであろう。こうした打製石斧類を主体にした先史文化は、南のマリアナ諸島には認められていない（高杉1979, 1980abほか）。その中で特に注目されるものは、大型の打製石斧類である。一般に打製石斧には大型例は少ないが、あえて類例を探すとすれば、

〔第 5 章〕小笠原諸島の遺跡

西太平洋を挟んだ西側の沖縄貝塚時代前期遺跡（爪形文土器文化）に伴う「大型石斧」の中に見出せる（高宮 1977、岸本 1984 など）。しかし、石野遺跡の年代は約 2000 年前であり、この沖縄最古の爪形文土器文化は約 7000 年前（マリアナ初期遺跡は約 3500 年前）と古すぎるようである。

　また乳棒状を中心にした磨製石製品、敲磨器の存在である。オセアニアの先史時代には、こうしたパウンダー（杵）、ペストル（磨り棒）と呼ばれる調理具が広く分布している。その多くは底面がラッパ状に開く形に整形されているが、石野遺跡では自然礫をそのまま形を変えずに使用している。おそらくタコノキの実やヤムイモ、タロイモなどの根菜類を、こうした石皿を用いて粉砕したのであろう。

　シャコガイ製貝斧と未製品は、小笠原諸島海域で捕れるシラナミと呼ばれる小型のシャコガイの復縁部分を利用し、貝斧としたものでマリアナ先史文化には多数存在している。これらの資料は形状から、マリアナ先史文化の先ラッテ期（B. C. 1500 年〜A. D. 800 年）とラッテ期（A. D. 800 年以降）に多出する腹縁部利用のシャコガイ製貝斧と関連が考えられる（Spoehr 1967、Egami and Saito 1973 ほか多数）。

　石野遺跡は約 50m × 20m の範囲のなかに土器、石器、貝製品、ウミガメ、海鳥の骨などの遺物が多数分布し、遺構としては線刻画の描かれた巨石を出発点に、北東数メートルに積石（組石、配石）遺構が、さらに北東数十メートルのところに祭壇（シュライン）、その前面に広場が位置していることになる。その全貌はストーンサークルと呼べる状況がうかがえる。

　こうした内容から、石野遺跡は集落地というより墓地、祭祀遺跡としての性格が強いものである。とするとこの北硫黄島内の別の地点に、生活拠点としての集落地が存在するのであろうか。石野村集落跡地を含めた、今後の本格的な調査に期待される。

・まとめ

　石野遺跡は小笠原諸島で初めて、遺構、遺物が原位置で確認された「先史時代遺跡」であった。そして発見された遺構、遺物などの考察から、次のような重要な視点が判明してきた。ここに石野遺跡の調査に参加された人類学・考古学研究者らが指摘した内容を紹介しておきたい。

　北海道東海大学の印東道子は、土器の色や胎土の状態、焼成状態などがマリアナのMST土器に似ていて、テンパーのサイズが大きく年代的にはラッテ期に近いとした。また、もしも石斧や土器がマリアナ諸島から持ち込まれたものであったとしたら、マリアナ先史人が定住目的で拡散したというのではなく、北マリアナ諸島の住民が火山活動によって、カヌーなどで島を離れ漂着した場所が北硫黄島であったのではないかとも述べている（印東1992）。

　沖縄県立図書館史料編集室の安里嗣淳は、厚手無紋土器は南琉球（八重山諸島など）地域の土器群に近く、系統という点では親戚筋にあたる。また石斧は、沖縄本島の辺戸石山の丸ノミ石斧や八重山の厚手の方形片刃石斧との検討が必要であると述べている（安里1992）。

　沖縄県教育庁文化課の岸本義彦は、宮古・八重山地域の石斧と貝斧を紹介し、南琉球地域と同じような問題点を踏まえる必要性を提議している（岸本1992）。

　國學院大學の小林達雄は、この地域に発見されている丸ノミ形石斧の存在、そして今回発見された無紋土器や鏡石などがマリアナ諸島の赤色土器やラッテなどの巨石遺構の影響を受けている可能性を示唆した。そしてマリアナ方面からの南方文化が、北硫黄島だけでなく小笠原諸島とさらに八丈島まで到達した証拠で「もう一つの南方文化」の存在を指摘している（小林1992）。

　東京都教育庁文化課の早川泉・小林重義は、まず遺跡の性格について、

〔第 5 章〕小笠原諸島の遺跡

石組みの遺構群に特徴があり、祭祀・葬送儀礼の場であった可能性がある。その内容は縄文文化と類似し、シャコガイやサンゴが置かれた事例は沖縄から九州の一部の事例に認められるとした。さらに三本の磨製石斧については、今回確認された場所からは磨製石斧の痕跡はなかったので、別の地点の可能性も検討する必要性があるとした。系統については、マリアナ系か日本文化かまだはっきりしないとした。帰属年代は約 2000 年前頃で、日本の弥生時代に相当し、沖縄の積石墓の年代にも対応するとしている（早川・小林 1992）。

　東京都教育庁文化課の小田静夫は、特徴的な石斧に焦点を当てて広く環西太平洋地域の様相を分析している。今回調査された石野遺跡からは、大型打製石斧群が確認され、過去に採集されていた丸ノミ形石斧は発見されなかった。この事実から、小笠原地域には打製と磨製の二つの石斧文化が存在し、前者は本土や沖縄に類例が存在し、後者の「円筒石斧」はマリアナ諸島に特徴的に存在している。そして今後、小笠原諸島の石斧を調べることで、まだ研究が遅れている中部太平洋地域「北ルート」の人類拡散・移住の歴史を正確に語ることが可能であるとしている（小田 1992）。

　最後に、1993（平成 5）年の現地調査を経て、早川泉は、

(1) 土器群について、土器は島内で製作されたもので、マリアナ先史文化の土器の特徴（テンパーなど）を見出すことはできない。

(2) 石器群について、大小の打製石斧と乳棒状を中心にしたパウンダーを中心にしている。

(3) 遺物類は、生活用具であり、積石遺構に伴って発見されている。

(4) 遺構群について、2 ヵ所の石列造成遺構と中間の広場、線刻画の刻まれた巨石からなっている。また積石遺構の中に、シャコガイと珊瑚を対に配置したものがあり、これは沖縄貝塚時代中期（弥生時代並行期）の木綿原遺跡の配石墓に類例があり、石野遺跡は

人骨の発見はないが集団墓地と考えられる。

(5) 年代と本貫地について、約 2000 年前という年代観は沖縄貝塚時代中期に対比でき、配石墓にシャコガイと珊瑚を特徴的に埋納する時期に相当する。またこうした葬送儀礼は、ミクロネシア地域には認められていないことから、石野遺跡は沖縄方面との関係が極めて密接なものである。

と述べている（早川 2005）。

・保管

遺物、記録類は、東京都教育委員会の埋蔵文化財係収蔵庫に保管されている。

4. 父島・西町伝世の磨製石斧

1983（昭和 58）年 12 月、東京都小笠原村教育委員会の森田裕一から、父島字西町の民家を解体した際、その家に古くから所有されていた穀物を叩いたり練ったりする大型石皿とタタキイシが発見され、村の教育委員会に資料提供されたという報告がもたらされた。そして、このタタキイシは立派な「磨製石斧」であり、有名な北硫黄島で発見されている丸ノミ形の磨製石斧に似ているという。

東京都教育庁文化課の小田静夫は、父島での磨製石斧の発見という重要性から、早速、森田裕一主事に現物の写真撮影をお願いした。まもなくして送られてきた石皿とタタキイシの写真を観察するかぎり、このタタキイシに使用されていた石器は、確かな先史時代の「磨製石斧」を転用したも

〔第5章〕小笠原諸島の遺跡

のであった。所有していた岸一郎氏によると、この道具は戦前（1945年以前）まで同家で使用されていて、その後納屋に保管されていたもので、古く大村周辺の畑地で祖母が発見して手頃な「すりこぎ棒」として「石皿」とセットで利用していたという。

　最大長14.7cm、最大幅5.6cm、最大厚4.7cm、玄武岩製のほぼ円筒形の断面を有する磨製石斧である。全体を敲打で円筒状に整形した後、全体を研磨し刃部の表面先端部を入念に、また裏側先端を幅3.4cm、奥行き3.1cmの丸ノミ状研磨面を作出している。刃部には使用による磨耗状況、刃こぼれも認められ、頭部は石斧製作時の敲打による整形痕とともに、タタキイシ使用時の破損痕が大きく残されている（小田1989、小田・早川・岡崎・小林編1992）。

　父島・西町の磨製石斧は、円筒形の身と刃部裏側が丸ノミ状に凹んだ例で、以前同じ小笠原・北硫黄島から将来された3本の丸ノミ形石斧と同類のものである（甲野1942、小田1978, 1981）。そして、さらに南のマリアナ諸島のラッテ期（紀元後800年以降）に多数発見される「円筒石斧」の仲間であった。こうした石製工具は木材などの伐採や加工に使用される道具で、特に丸ノミ形石斧は丸木舟をくり抜くのに便利な刃部をしているという。一般に石製工具は、機能や着柄上の方式によってadze、axe、gouge、chiselの四種類に分類され、父島・西町の磨製石斧はadzeに入るものであった（Thompson 1932）。

4. 父島・西町伝世の磨製石斧

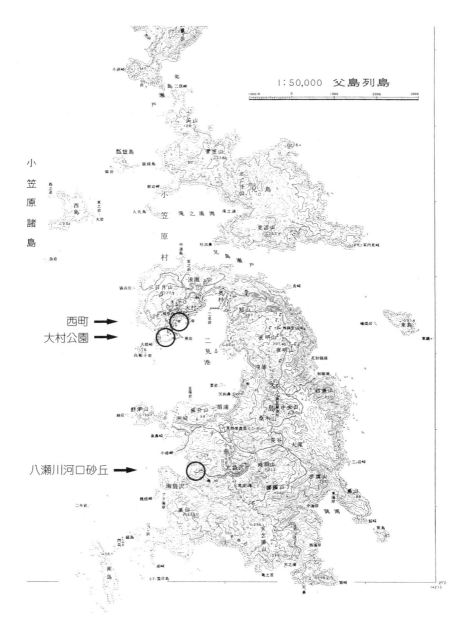

図19　父島列島（西町、大村公園、八瀬川河口砂丘）

〔第5章〕小笠原諸島の遺跡

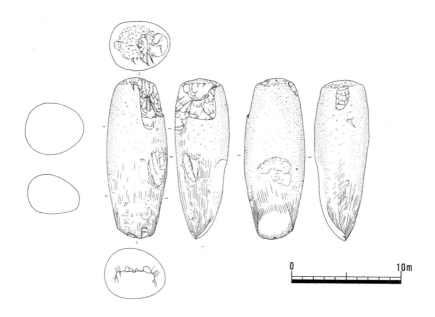

図20　父島・西町の丸ノミ形石斧（タタキイシに使用されていた）

5．父島・大村公園採集のタタキイシ

　1989（平成元）年から3ヵ年実施された「小笠原諸島他遺跡分布調査会」（団長・國學院大學 永峯光一）による現地調査で発見された石器である。父島・二見港西側にある都立ビジターセンターの海側の、公園を整備するため運ばれたラテライト性客土表面で採集された。
　最大長13.2cm、最大幅7.8cm、最大厚6.4cm、重さ786g、凝灰質砂岩製（パリノサーヴェイ研究所 五十嵐俊雄 鑑定）。
　円筒状の自然礫を使用し、長軸の一端側に明瞭な敲打痕が、また円筒の

5. 父島・大村公園採集のタタキイシ

2側面に僅かな磨痕が観察される。おそらく粉砕具としてのタタキイシであり、石皿とセットで使用された石器と考えられる。

タタキイシは東京都が行った父島の民具調査で石皿とともに2例登録されている。共に海岸で採集した棒状の自然石を使用したもので、1例は最大長18.5cm、最大幅7.5cm、最大厚4.5cm、2例目は最大長20.3cm、最大幅8.0cm、最大厚5.0cmである。この両例は共に横形に石皿上に置かれ、両手で石を握って皿上をころがしたり、叩き潰したりした使用法がうかがえる。本例は縦形の敲打用が主で、横形の使用は補助的なものと考えられ、形状共に先史時代に多く認められるタタキイシ例である。

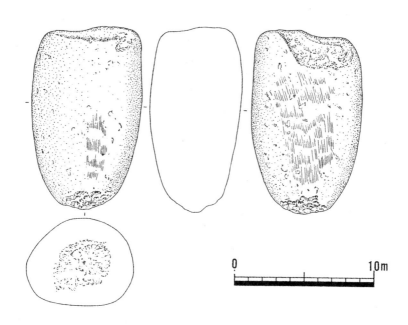

図21　大村公園採集のタタキイシ

〔第5章〕小笠原諸島の遺跡

　小笠原における石皿とタタキイシの利用は、トウモロコシなどの穀物粉砕具として西町の磨製石斧転用例とともに戦前まで多くの家庭で使用されていたようである。したがって、本例を先史時代に位置づける積極的な根拠はないが、石器にうかがえる使用痕が近代例と少し異なっている点を指摘しておきたい（小田・早川・岡崎・小林編 1992）。

6．父島・八瀬川河口砂丘発掘の磨製石器

　1989（平成元）年）から3ヵ年実施された「小笠原諸島他遺跡分布調査」の初年度で発見された。小笠原諸島最大の河川は父島の八瀬川であり、河口部に良好な砂丘が形成されている。発掘調査はこの砂丘中央部と内側部分の2ヵ所を選定して試掘坑をあけた。結果は、上部層は戦争中と戦前の生活遺品が包含されており、下層部分は白色の自然砂層でウミガメの骨類が発見された。

　父島で大村と共に最も有望な生活環境を有する八瀬川河口部から、今回残念ながら先史時代に遡る遺物包含層の確認がなかった。

　この磨製石器は上部層の近代の遺物と共に出土したものである。最大長4.6cm、最大幅1.8cm、最大厚0.8cm、重さ（欠損品）、玄武岩製（パリノサーヴェイ研究所 五十嵐俊雄 鑑定）。

　全面磨製の石製品で、半分折れている。板状の石材をおそらく整形剥離河口で形を整え、その後四面を研磨し短冊形に仕上げたものであり、先端に剥離面が残されている。

　この全面磨製の石製品は、先史時代の磨製石斧とは異なった石器と考えられる。時期については出土層が近代の遺物包含部中であり、当時の小笠原住民の生活用具の一つと考えることもできよう（小田・早川・岡崎・小林編 1992）。

100

6. 父島・八瀬川河口砂丘発掘の磨製石器／7. 母島・評議平採集の素焼陶器

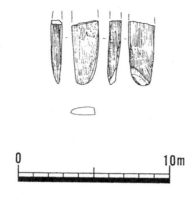

図 22　八瀬川河口砂丘発掘の磨製石器

7. 母島・評議平採集の素焼陶器

　1984・1985（昭和 59・60）年、国際基督教大学考古学研究室（代表・小日置晴展）による分布調査で発見された。母島の評議平（➡ P.71 図 12 参照）にある発電所前の露頭に、素焼きの大形鉢と甕(かめ)の破片が顔を出しているのを確認し採集された。この土器類は数個体分あり、表面は灰褐色で輪積み技法で製作され、無文、胴部に指頭痕が認められる。
　こうした素焼きの陶器類は、近代の小笠原開拓時代に移住民が八丈島や本州島から持ち込んだ無釉焼締陶器(むゆうやきしめとうき)（常滑焼(とこなめやき)、壺屋焼(つぼややき)）とは異なっている。したがって近世期以前の、古手の陶器と考えることが可能である。しかし小笠原諸島への、日本から中世期に渡島した記録は存在していない（小日置・杉本・菅原 1984、小田・早川・岡崎・小林 編 1992）。

101

〔第5章〕小笠原諸島の遺跡

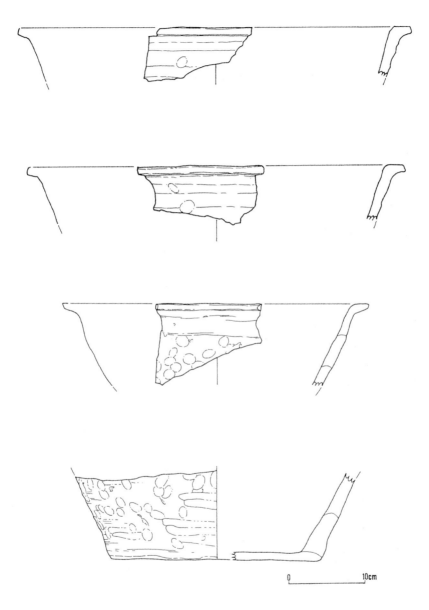

図23　母島・評議平採集の素焼陶器

8. 北硫黄島の丸ノミ形磨製石斧

　1920（大正7）年7月東京帝國大学理学部植物学教室の植物学者中井猛之進は、学生を引率して小笠原諸島の植物調査を行った。調査団は硫黄島からの帰路に北硫黄島に上陸する予定であったが、海が荒れ接岸できずに沖合に停泊していた。その折、はしけ船で島の警察官が上船してきて、中井博士に一包みの重い荷物を手渡して帰っていったという（厚生省技官・井上雄介談）。この中身が3本の磨製石斧であり、おそらく地元で発見され石野村長の石野平之丞が保管していて、来島予定であった東大の先生に献上したものと思われる（小田1996）。

　1942（昭和17）年、東京帝國大学理学部人類学教室の考古学者甲野勇は、同教室に保管されていた北硫黄島の磨製石斧を学術誌に発表した（甲野1942）。しかし、この資料紹介は1点のみであったが、1977（昭和52）年夏に東京都教育庁文化課の小田静夫が同人類学教室で資料調査していた折、この北硫黄島の磨製石斧を確認したところ、東京大学総合研究博物館に3点所蔵されていることが判明し、東京都の重要資料として報告することができた（小田1978）。

資料1

　最大長18.2cm、最大幅5.0cm、重さ635g、玄武岩製の全面磨製の丸ノミ形石斧である。敲打によって円筒状に整形したあと、全体を入念に研磨し、全面敲打痕がなくなるほど磨きあげられているそのあと、石斧後面に最大幅4.0cm、最大長8.2cmの凹状刃部を作出し、丸ノミ形石斧に仕上げている。石質鑑定は、3点とも東京大学総合研究資料館岩石部門・鳥海光弘による。

〔第 5 章〕小笠原諸島の遺跡

資料 2

　最大長 19.0cm、最大幅 5.3cm、重さ 625g、玄武岩製の全面磨製の丸ノミ形石斧である。敲打によって円筒状に整形したあと、全体を入念に研磨し、全面敲打痕がなくなるほど磨きあげられているそのあと、石斧後面に最大幅 3.7cm、最大長 8.4cm の凹状刃部を作出し、丸ノミ形石斧に仕上げている。

資料 3

　最大長 14.0cm、最大幅 5.0cm、重さ 121g、玄武岩製の磨製片刃石斧である。敲打による整形痕が石斧の柄部に多く残り、身の断面は楕円形を呈する。刃部は両側からよく研磨されており、前 2 例のような丸ノミ状の凹部は認められない。刃部は両面だけでなく側縁も磨いてあり、細かく観察するに裏面の刃面は平坦であり、片刃を意識して作られていることから、adze の仲間と考えられる。

　北硫黄島発見とされるこの 3 点の磨製石斧は早くから問題視されていたが、現地が渡島困難な無人島であることと、その後同様な資料の発見が日本列島周辺でなかったことから、その出自系統、年代などは将来に残された課題であった。1989（平成元）年から 3 ヵ年実施された「小笠原諸島他遺跡分布調査」は、この丸ノミ形石器について北硫黄島に上陸し、現地で追跡踏査することを主目的にした調査でもあった。幸いに最終年度に大規模な先史時代遺跡（石野遺跡）の発見があったが、採集された石器類の中に同様な磨製石斧類は確認されていない（永峯・小田・早川 編 1992、小林・芹澤 編 2005）。

8. 北硫黄島の丸ノミ形磨製石斧

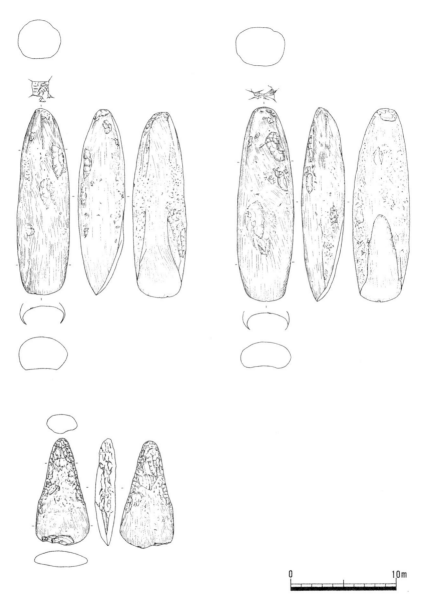

図24　北硫黄島の丸ノミ形磨製石斧

〔第 5 章〕小笠原諸島の遺跡

9．父島・母島発見の陶磁器類

　1972（昭和 47）年の「東京都遺跡分布調査会」、1989（平成元）年の「小
笠原諸島他遺跡調査会」よる父島・母島調査で発掘、採集された陶磁器類
である。小笠原の島々を踏査すると、旧集落跡や海岸、砂丘地に多くの陶
磁器類の破片が散布している。またこの両分布調査では、こうした場所に
試掘坑を設定して発掘調査を行っている（宮崎・永峯・小田 編 1973、永峯・
小田・早川 編 1992）。

　発見された陶磁器類は、近世末から近代にかけての製品が中心であり、
その多くは瀬戸・美濃系の焼き物類で、特別なものとしてイギリス製品、
沖縄産壺屋焼も存在していた。これらの焼き物は近世末や明治期になって
小笠原に移住した、八丈島、本州島、外国からの開拓民が使用した日常生
活の器、容器類であった。

沖縄産壺屋焼陶器

　小笠原諸島から発見された陶磁器の中で、最も注目されたのは「沖縄産
壺屋焼」の陶器であった。これは沖縄特産の「泡盛酒」を入れた焼締陶器
の大型カーミで、遠く沖縄本島壺屋から海上をはるばる運ばれてきたもの
である。この大型カーミについて母島の古老の話では、こうしたカメは小
笠原の冬野菜が全盛の時代に八丈島から取り寄せたもので、乾燥させたト
ウモロコシや糖酎の貯蔵用に利用し、普通「カメ」また「あわもりカメ」
とも呼んでいたという（ロース記念館開設準備事務局 編 1987）。

　伊豆諸島の八丈島では、この沖縄産大型カーミは、昔は各家庭に最低一
個は所有していて、水ガメ、焼酎ガメとして使用していた。しかし、その
搬入事情については謎である。

　現在、父島のビジターセンターや母島の「ロース記念館」には、戦後帰

9. 父島・母島発見の陶磁器類

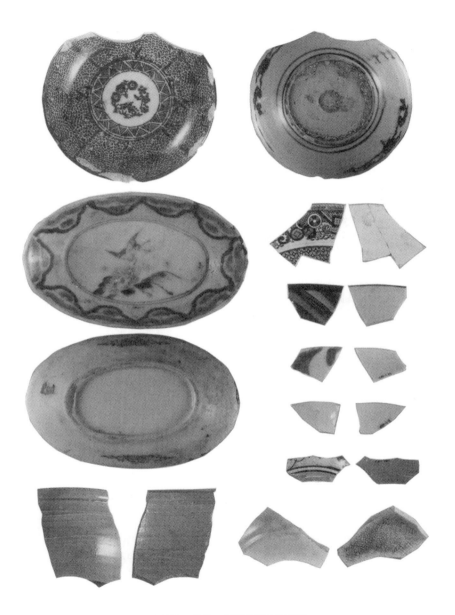

図25　父島・母島発見の陶磁器

[第5章] 小笠原諸島の遺跡

島した住民が寄贈した沖縄産壺屋焼の大型カーミ※が展示保管されている（小田 1997, 1998）。さらに北硫黄島の旧石野村の調査（小林・芹澤編 2005）、さらに南のマリアナ諸島（Butler 1992）にも同様な大型カーミが確認されている（小田 2008）。

※貯蔵を目的としてつくられた大型の甕類

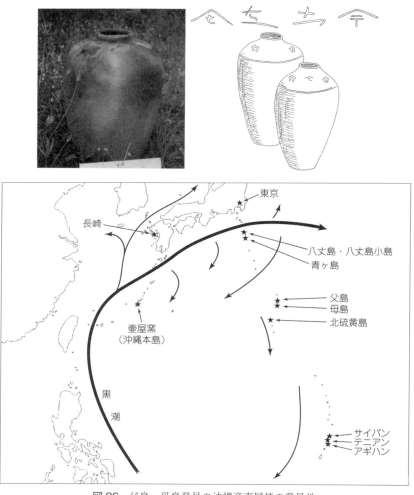

図26　父島・母島発見の沖縄産壺屋焼の発見地

第 **6** 章

伊豆諸島の考古学調査

〔第 6 章〕伊豆諸島の考古学調査

　日本列島のほぼ中央部に位置する東京都には、南約 1,000 ～ 1,300km
にわたり太平洋上に大きく二つの島嶼群が存在している。近いところに「伊
豆諸島」、そして次に「小笠原諸島」が南に向かって直線的に分布している。
伊豆諸島は本州島に接して、大島、利島、新島、式根島、神津島が連なり、
さらに大島から三宅島、御蔵島が南に向かい分布し、大きく「北部伊豆諸島」
とも呼ばれている。一方、御蔵島からさらに南には、八丈島、八丈小島、青ヶ
島、鳥島が続いており、これらは「南部伊豆諸島」と呼称される。

　この南北両島嶼地域の境界付近には、フィリピン沖を源流にした世界最
大の海流である「黒潮本流」が東流している。この黒潮本流は最大流速 4
ノット（約 7.4km）にも達するほどの激流であり、あたかも巨大な川が太
平洋の中に帯状に流れている観を呈し、八丈島地方の漁民たちは「黒瀬川」
と呼んで恐れ、江戸時代には八丈島に流された流人の島抜けが困難な海域
でもあった。したがって北部と南部伊豆諸島は、先史時代から別の「文化
的様相」を示す地域としての歴史が看取されている（東京都八丈島八丈町教
育委員会 編 1973, 1998）。

1．考古学調査史

・北部伊豆諸島

　1901（明治 34）年、東京帝國大學理學部人類學教室の坪井正五郎博士は、
大島・タツノクチの溶岩流の下から土器や石器が出土するのに注目し、同
教室嘱託員の鳥居龍蔵を現地に派遣した。この鳥居の現地調査が、伊豆諸
島での最初の考古学的調査であり、当時、火山灰下からの人間活動の証拠
について、地質学者や人類学者たちで多くの議論が交わされた著名な遺跡
であった（坪井 1901、坪井・鳥居 1901、鳥居 1902）。この遺跡は、現在の伊

110

1. 考古学調査史

豆大島の「龍の口遺跡」である。

その後、伊豆諸島の遺跡調査は渡島の不便さと、厚い火山堆積物の下に遺跡が埋没していることもあり、本格的な渡島調査は 1956 ～ 1958（昭和 31 ～ 33）年に実施された東京都による「伊豆諸島文化財総合調査」を待たねばならなかった。

東京都教育委員会は 1954（昭和 29）年から都内全域の文化財総合調査を実施し、伊豆諸島については 31 年度に三宅島・御蔵島 2 島、32 年度に大島等北部 5 島、33 年度に八丈島・八丈小島・青ヶ島の調査を行った。分野は地質、植物、動物、風景、考古、建造物、文書、美術、民俗と広く、それぞれ当時の第一線の大学、文部省、博物館の研究者が担当した（**東京都教育委員会編** 1987, 1959, 1960ab）。

考古学班は、明治大学の後藤守一が担当し、1956 年と 1957 年に北部伊豆諸島、1958 年に南部伊豆諸島の現地調査が行われた。この調査で北部伊豆諸島に、縄文時代の早期後半（約 7000 年前）から歴史時代に至る人

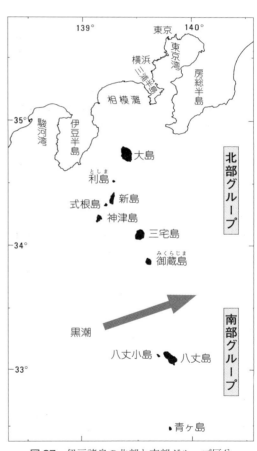

図 27　伊豆諸島の北部と南部グループ区分
北部と南部は「黒潮本流」で境される。

111

〔第 6 章〕伊豆諸島の考古学調査

間の渡島活動の痕跡が判明した。なかでも北部伊豆諸島の最南端・御蔵島
に、縄文早期後半の竪穴住居址が発見され、早くから黒潮に丸木舟で漕ぎ
出し、島嶼地域に生活した「海の縄文人」の足跡が確認された意義は大き
かった（後藤・芹沢・大塚・金子・麻生・梅沢 1958、後藤・大塚・麻生・戸沢・
金子 1959）。

　この画期的な総合調査では、最終年度に考古学班の班長・後藤守一と明
治大学大学院生・戸沢充則、学生・梅沢重昭の 3 名が南部伊豆諸島へ渡
島した。調査班は八丈島と八丈小島に渡島したが、この地域から確かな
考古資料の発見はなかった（東京都文化課 1960b）。ただ都立八丈高等学校
に 2 点の大型磨製石斧が保管されていたが、その出自が不明であったばか
りでなく、本土の弥生・縄文文化に認められない形態を呈していたので、
八丈島出土品とは判断するまでには至らなかったのであった（杉原・戸沢
1967）。

1972（昭和 47）年、東京都教育庁文化課は「東京都遺跡分布調査会」（会
　　長・早稲田大学 滝口宏、団長・日本大学 永峯光一）を組織し、島嶼地
　　域の遺跡確認に重点を置いた。この調査は伊豆諸島全域と、いままで考
　　古学的調査が皆無であった、さらに南の「小笠原諸島」にまで踏査が及
　　んだことは大きな成果であった。この分布調査で小笠原諸島の父島と母
　　島に各 1 ヵ所の先史時代の可能性がある遺跡が登録された。伊豆諸島で
　　は、1956 ～ 1958 年の伊豆諸島文化財総合調査の考古班が確認した遺跡
　　の再確認と、新たな遺跡が追加された（永峯・小田・宮崎 1973、宮崎・永
　　峯・小田 編 1973）。

1979（昭和 54）年、東京都教育庁文化課は「東京都島嶼地域遺跡分布
　　調査団」（団長・國學院大學 永峯光一）を組織し、伊豆諸島全域を対象
　　に今までにない規模で現地調査が実施された。その結果、各島嶼の「遺
　　跡台帳」が初めて完成した（東京都島嶼地域遺跡分布調査団 編 1980, 1981,
　　1982, 1984）。伊豆諸島における組織的な考古学的調査は、これ以後は今

日まで行われていないのが現状だ。

1982（昭和57）年、大島・下高洞遺跡が発掘調査された。この遺跡からは、縄文時代早期前半（約8000年前）の撚糸文系土器文化（平坂式）と押型文土器文化（山形文）が共伴して出土した。そして、この文化層の上層部に、縄文中期（約5000～4000年前）、後・晩期（約4000～2300年前）、古墳時代（約1500年前）、奈良・平安時代（1000年前）の遺物包含層が確認され、伊豆諸島の中でもきわめて重要な遺跡が登場し注目された（下高洞遺跡発掘調査団 編1984, 1985）。

1983（昭和58）年から毎年、各島嶼で小規模の開発や開発計画に伴う緊急発掘調査が行われている。

大　島：野増遺跡（古墳、奈良・平安時代）、
　　　　和泉浜遺跡（奈良・平安時代）、
　　　　鉄砲場岩陰遺跡（縄文時代）、
　　　　下高洞遺跡（縄文、古墳、奈良・平安時代）、
利　島：大石山遺跡（縄文、古墳時代）、
新　島：田原遺跡（縄文、弥生時代）
式根島：吹之江遺跡（縄文、奈良・平安時代）
　　　　吹之江東遺跡（縄文、奈良・平安時代）
神津島：神津島空港内遺跡（縄文時代）
三宅島：物見処遺跡（中世）

など、多くの重要な遺跡が発掘調査され、その成果にはめざましいものがあった。

1991（平成3）年には、大島でオンダシ遺跡（古墳・奈良、中世・近世）の発掘調査があり、伊豆諸島では初めての大規模な古代集落の存在が確かめられた意義は大きい（大島支庁遺跡調査団 編1994）。

〔第6章〕伊豆諸島の考古学調査

　最近は島嶼地域の開発が少なくなり、研究テーマに基づいた学術発掘調査が散発的に利島（永峯・青木・内川 編 1993）や八丈小島（永峯・青木・内川・粕谷 編 1994）、三宅島（三宅島ココマ遺跡学術調査団 編 2009）などで実施される程度になってしまった。

・南部伊豆諸島

　黒潮本流の外側に位置する南部伊豆諸島は、渡島の不便さもあって考古学的調査の歴史は新しい。1956 ～ 1958（昭和 31 ～ 33）年、伊豆諸島文化財総合調査の最終年度で、考古学班は都立八丈高等学校に保管されていた 2 点の磨製石斧を確認した。しかしこの資料が出所不明で、さらに特殊な形状を呈していたことから、八丈島の出土品ではないのではないかと判断され、この南部伊豆諸島には先史人の渡島の痕跡は認められないと結論された（東京都文化課 1960、杉原・戸沢 1967）。この 2 点の磨製石斧は、1972・73（昭和 47・48）年の「東京都遺跡分布調査会」（団長・日本大学永峯光一）の調査で、東京都教育庁文化課の小田静夫、宮崎博の 2 名は地元で聞き取り調査を行った。その結果、この 2 点の磨製石斧は八木沢と三根地区からの出土品であることが判明している（宮崎・永峯・小田 編 1973、永峯・小田・宮崎 編 1976）。

　八丈島での磨製石斧の発見史は古く、1950（昭和 25）年に八丈島で発見されたという磨製石斧が 1 点、八丈島歴史民俗資料館の開館時（1975 年）に地元出身者の暮田治から寄贈されている。これが南部伊豆諸島での、考古資料発見の最初であった（小田 1988）。1955（昭和 30）年には、三根地区孫子兵衛の元八丈町教育長 小宮山才次宅の高倉倉庫の地下 1m から 1 点の磨製石斧が発見されていた（教育じほう 1962）。これらの磨製石斧は、本州島の縄文・弥生時代遺跡には存在しない特殊な形態を示しており、その故郷が気になるものであった（小川 1971、小田 1977, 1988）。

114

1. 考古学調査史

　1962（昭和37）年は、南部伊豆諸島の考古学史において記念すべき年になった。この夏、八丈島の樫立にある八丈温泉ホテルが、観葉植物の温室をつくる目的でホテル東側を削平した。この工事によって1点の大型磨製石斧が掘り出され、地元の中学生によって採集されたのである。八丈島では過去に発見された石器はすべて他地域（東山地区）から運ばれてきた客土中に入っていたもので、ここに今まで出土地や出土状況が確かでなかったこの種の磨製石斧に、やっと原位置で発見された考古資料が初めて登場したのであった。

　この遺跡は「湯浜遺跡」と命名され、南部伊豆諸島で最初の発掘調査となった。調査は1963（昭和38）年の東京都教育庁文化課の視察、1964（昭和39）年1月の都立八丈高等学校の試掘を経て、同年3月に明治大学考古学研究室（団長・杉原荘介）によって実施された。この調査で、次の三つの問題点が明らかにされた意義は大きい（杉原1965、杉原・戸沢1967）。

図28　伊豆諸島南部の遺跡（八丈島・八丈小島、➡ P.111 図27参照）

115

〔第 6 章〕伊豆諸島の考古学調査

(1) 磨製石斧、黒曜石片、石皿などの存在は、日本の縄文文化との関連が深い。また、特殊な打製石斧は一時的に出現したもので、その生活との直接の必要上から生まれた。特異な土器も八丈島という事情が生みだした特殊性である。

(2) 湯浜遺跡の遺物の諸様相が、縄文文化にくらべてかなり変容しているのは、それが内地からの直接の波及ではなく、他の伊豆諸島にいったん定着したものの再波及であるかも知れない。

(3) 逆に、湯浜遺跡の石器文化は、縄文文化となんら直接の関係はなく、より南方諸島、あるいは黒潮の流れる地域からの渡来である可能性も強い。

　この湯浜遺跡で提示された、湯浜石器文化の解釈は、現在も解決されない謎となって残されている。

1972・1973（昭和 47・48）年、東京都教育庁文化課は「東京都遺跡分布調査会」（団長・東京都文化財審議会、日本大学 永峯光一）を組織した。この調査で八丈島に湯浜遺跡とは異なる、特異な形態を呈する磨製石斧群の存在が注意された（宮崎・永峯・小田 編 1973）。そして湯浜遺跡で出土した黒曜石片を、東京大学理学部人類学教室の鈴木正男がフィッション・トラック法によって原産地推定をした結果、北部伊豆諸島の「神津島産」の黒曜石であることが判明した。また、同じ黒曜石を水和層測定法によって測定した結果、出土木炭による C-14 測定法で測定された年代の 5840 ± 100y. B. P.（Gak-686）と矛盾しない 5800 年前（OB-FT）であった（鶴丸・小田・一色・鈴木 1973）。

1973（昭和 48）年、東京都教育庁文化課は「湯浜遺跡緊急発掘調査団」（団長・東京都文化財審議会、國學院大學 永峯光一）を組織した。この調査で次のような事実が判明した。

116

1. 考古学調査史

(1) 明治大学が発掘した地点を含め町道下の低い部分は、その後の整地で遺物包含層はすでに消失していた。

(2) 町道部分では、道路下に住居址と考えられる竪穴遺構の一部が確認された。

(3) 町道部分を含め、北側の高台部にはまだ遺物包含層が残存していることが判明した。

というものであった（永峯・小田・宮崎 1976）。

1974（昭和 49）年、国立歴史民俗博物館の重要遺跡出土品カード作成事業が行われ、東京都教育庁文化課は八丈島の湯浜遺跡資料の所在調査を行った。調査員は東京都教育庁文化課の小田静夫、小林重義、宮崎博と明治大学生の斎藤基生が現地に渡島してカード作成を行った（永峯・小田・宮崎 編 1976）。

1977（昭和 52）年、八丈島で二番目の石器時代遺跡が発見された。湯浜遺跡と同じ八丈温泉ホテル内で、すぐ谷を挟んだ西側の高台に位置していた。「倉輪遺跡」と命名された新遺跡には、本州島の縄文土器（縄文前期末〜中期初頭）が多量に出土した。本州島より遠く南に 300km も離れ、黒潮本流を越えた八丈島に、縄文人が丸木舟で渡航していた確かな証拠がここに確認されたのである。

1978（昭和 53）年、八丈町教育委員会は「八丈島湯浜遺跡範囲確認調査会」（団長・國學院大學 永峯光一）を組織し、湯浜遺跡の 3 回目の発掘調査が行われた。この調査で湯浜遺跡に 1973 年発見された住居跡と合わせ、2 軒の竪穴住居跡（いづれも隅丸方形）の存在が確認された。また、同時に隣接の倉輪遺跡の小発掘が実施され、縄文時代前期末〜中期初頭の関東・中部地方系の土器と、遠く関西系の土器が多数混在して発見された。そして、この調査では湯浜遺跡と倉輪遺跡の層位的対比が通商産業省工業技術院地質調査所の一色直記により研究され、新しく発見された

117

〔第 6 章〕伊豆諸島の考古学調査

倉輪遺跡は湯浜遺跡より上層（3 ユニット上部）に位置することが判明
した。年代測定も行われ、湯浜遺跡は炭化物片の C-14 測定で 6660 ±
75y. B. P.（N-3504）、6570 ± 130y. B. P.（N-3503）、黒曜石の水和層測
定で 7100、6600、6600、6400y. B. P. と測られたのである。この両遺跡
の年代観は土器型式と合わせ、本州島の縄文文化（倉輪 ― 前期終末か
ら中期初頭、湯浜 ― 早期後半）と矛盾しない年代値であった（永峯・芹
沢・小林・一色・葛西・鈴木 1984）。

1979（昭和 54）年から、倉輪遺跡の発掘調査が集中的に行われる。1980（3 次）、
1981、1984、1985、1986（7 次）年まで実施された。1981 年に竪穴住居跡（円
形）が 1 軒、1984 年に竪穴住居跡が 4 軒（いづれも円形）と土壙 3 基が、
1985 年には竪穴住居跡が 2 軒と土壙 4 基、炉跡 5 基、集石遺構が多数確
認された。そして、2 体の埋葬人骨（屈葬）と別個体断片の計 3 体分の人
骨が発見された意義はきわめて大きいといえよう。また、出土したペンダ
ントの中には、遠く南西諸島の貝（イモガイ）を模した製品が存在してお
り、ヒスイ（新潟、富山県に原産地）やコハク（岩手県久慈、千葉県銚子
に原産地）は限られた原石産地からの搬入品であった（永峯・川崎・小田ほ
か 1986、川崎・小田ほか 1986、永峯・小林・川崎・小田ほか 1987）。

1985、1989（昭和 60、平成元）年、東京都教育庁文化課の福田健司によ
り八丈島で発見された 2 点の中世初頭の蔵骨器と考えられる陶器の紹介
があった。前者は渥美窯の壺で、12 世紀後半（平安時代末期）の時期である。
後者は古瀬戸前期様式の II 期（13 世紀前半〜中頃）にあたる四耳壺であっ
た。このような貴重な小壺を入手して使用した、古文献に記録されていな
い重要な人物が中世の八丈島にいたことになる（福田 1985, 1989）。

1987（昭和 62）年になると八重根漁港の改修に伴って、八丈島に三番目
の遺跡が発見され八重根遺跡と命名された。この遺跡は、今までの先史
時代遺跡と異なった西山（八丈富士）と東山に挟まれた海岸に望む低地
部に立地し、また遺跡地は旧火口（3000y. B. P. 以前に噴火）内に存在し

118

ていた。1987（昭和62）年、1988、1989（昭和63、平成元）年に「八丈島八重根遺跡調査会」（団長・國學院大學 永峯光一）によって大規模発掘調査が行われた。成果は、弥生時代後半（2000y. B. P. ）から古墳時代前半並行期（1500y. B. P. ）と古墳時代後半から奈良・平安時代並行期（1300 〜 800y. B. P. ）、そして中世・近世の遺構、遺物が層位的な編年関係で把握された。この遺跡からは住居跡の発見がなく、炉跡が多数見つかり、土器も特徴的な出土状況と形態を呈していた。その解釈として、この場所は居住地というよりは、特殊な作業（たとえば魚を加工したり、塩を作るなど）場と考えられている。八重根式と呼ばれた無文平底の部厚な鉢型の土器は、同時期の他の伊豆諸島遺跡にも、本州島の土器類にも類例が求められず、島で製作された独特の様相を呈した土器であった（永峯・川崎・山村 編 1993）。

1988（昭和63）年、今まで遺跡登録のなかった西山（八丈富士）地域、八丈小島が前面に望める西側海岸縁の火の潟（ひのかた）で、無文厚手の八重根遺跡に類似した土器が発見された。八丈島で四番目の火の潟（ひのかたいせき）遺跡である。1988、1989（昭和63、平成元）年に國學院大學が中心になった「火の潟遺跡調査団」（団長・小林達雄）によって発掘調査が行われた。その結果、炉跡や多量の焼土、細かく破損した土器が出土した。土器は伊勢地方の製塩遺跡との比較から、平安時代頃の製塩土器とされた。そして、この場所で製塩作業をしたと推定された（青木・内川・粕谷 編 1991）。

1991（平成3）年に「小笠原諸島他遺跡分布調査団」（団長・國學院大學 永峯光一）によって、青ヶ島の考古学的調査が行われた。青ヶ島は江戸時代に大噴火があり、一時島民が八丈島へ避難した歴史があり（1785（天明5）年）、現在も厚い火山噴火物に覆われている。今回の調査では、大里神社の参道切り通しで近世の焼物片（土器）が発見された。また、この大里神社や金比羅神社の境内には、イシバ様と呼ばれる近世から近・現代にわたる石を積み上げた信仰遺構である祠（ほこら）、立石が多数存在してい

〔第6章〕伊豆諸島の考古学調査

る。こうした遺構の類例は八丈島、八丈小島にも多く認められている（永峯・小田・早川編 1992）。

この青ヶ島調査と同じ年の 1991（平成3）年、國學院大學による八丈小島の鳥打遺跡、宇津木遺跡の学術発掘調査が実施された。両遺跡とも近世のイシバ様と呼ばれる信仰遺構が海岸台地に多数存在している。発掘調査によって多くの配石遺構（立石、石囲など）が確認され、その遺構の中や周辺から陶磁器、鏡、鉄・銅製品などが多量に出土した（青木・内川・粕谷編 1994）。

近代にアホウドリの羽毛採取で移住の歴史がある鳥島は、今日まで考古学的調査が行われていない。つい最近、この島で先史人の腕輪の材料として多用された「オオツタノハガイ」の生息が確かめられた。その結果、沖縄諸島から本州島への「貝の道」のほかに、推測されていた南部伊豆諸島起源の「第2の貝の道」の可能性が高くなってきた（橋口 1988、黒住 1994、沼澤 2001, 2009、沼澤・戸谷 2001）。オオツタノハガイは八丈小島にも近世期の島民が食べて捨てた場所が「貝塚」として発見されていることより、この海域に多数生息していたことは確かである。

以上、八丈島以外の南部伊豆諸島のいずれの島からも、先史時代の遺跡や遺物は現在まで発見されていない。

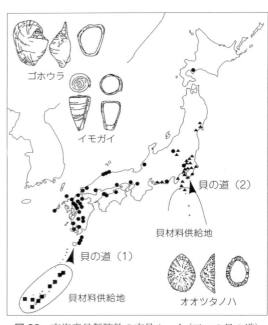

図29 南海産貝製腕輪の交易ルート（二つの貝の道）
貝の道（1）：ゴホウラ・イモガイ、琉球列島から
貝の道（2）：オオツタノハ、南部伊豆諸島から
● ゴホウラ、イモガイ製、▲ オオツタノハ製、■ 貝集積遺構

2．伊豆諸島の先史文化

・神津島産黒曜石の交易

　東京より南へ約170km、伊豆半島の下田より約54kmの太平洋上に、北部伊豆諸島の一つ神津島が存在している。この島内の数ヵ所と付属島の恩馳島と周辺の海底に多量の黒曜石が産出することが知られている。1901（明治34）年東京帝國大學理學部人類學教室の坪井正五郎博士は、伊豆大島のタツノクチ（龍の口）遺跡発見の黒曜石片が神津島からの搬入品であり、両島間に交通があり交易関係が考慮されると述べている（坪井1901）。この海上に浮かぶ神津島の黒曜石が、近年、理化学的分析によって本州島中央部の旧石器から縄文時代に亘たる各期の遺跡から発見されている事実が確認された（鈴木1973、藁科ほか1984、小田1997）。特に約3万年前頃の東京・武蔵野台地の旧石器遺跡ですでに使用されており、神津島の黒曜石が早くから列島内部の先史人に知られていたことがわかる。なかでも約5000年前の縄文中期頃には日本海側にまで運ばれ、その分布も約200km範囲の広域に及んでいることは驚嘆に値する。

　列島中央部には神津島のほかに、黒曜石原産地が信州（長野県）、箱根（静岡県）、高原山（栃木県）周辺に知られており、その中でも信州産は最大規模を誇る良質の黒曜石が存在している。したがって、海上航行してまでも神津島の原石を入手していた意味はなんであろうか。この問いを解く鍵に、黒潮海域を遊動していた「海人」の存在を検討する必要がある。

　最近、分子人類学の発達がめざましく、人類の起源に関する多くの謎が解明されている。その一つに現代型サピエンス（新人）の起源が約20万年前に誕生した一人のアフリカ女性（「ミトコンドリア・イブ」と呼ばれている）に遡ることが提唱されている。つまり現代人の直接の祖先が、こ

〔第６章〕伊豆諸島の考古学調査

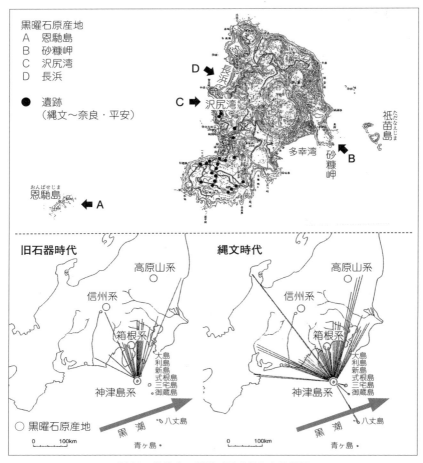

図30　神津島の黒曜石原産地と交易関係

の女性から始まったというのである。この現代型ホモ・サピエンスは、古代型ホモ・サピエンス（旧人）とは別に約10万年頃アフリカを出て、ヨーロッパ、アジア地域に拡散した。そして東南アジアには70000〜50000年前には生活していたと考えられている。約４万年前頃彼らは海岸部、島嶼部に生活圏を拡大し海洋適応を果たし、渡航具を使用して黒潮海域に拡

122

散した証拠が「不定形剥片石器文化」として把握されている。琉球列島には約32000年前の山下町第一洞人が生活し、奄美諸島では約2万5000〜2万年前の牛浜ヤーヤ、喜子川、天城遺跡などが発見されている。また、薩南諸島の種子島にも約30000年前頃の南方系旧石器遺跡（横峯、立切遺跡）が最近確認されており、東京・武蔵野台地の約3万5000〜3万年前頃の遺跡にも同類の旧石器文化が存在している。このことから、海洋航海民が黒潮圏を舞台に活躍していた事実が明確になったのである（小田 2000, 2007, 2017）。

　神津島の黒曜石は日本列島に初めて渡来した現代型ホモ・サピエンスが、太平洋沿岸部を北上拡散していく道程で洋上の「原石の島」を発見したと考えることが妥当であろう。そして、重量のある黒曜石原石が多量に迅速に遠隔地に、丸木舟や筏に積まれ海路を移動し、各地域の水路を遡上して集落地へと運ばれていったのであろう。この黒曜石交易活動には、専業集団がいた可能性が指摘されている（小田 1997）。おそらく外洋航行という熟達した航海術が必要であり、その作業を担った人々は「海人集団」と考えられよう。

　縄文時代から古墳時代にかけて、伊豆諸島南部に棲息していたオオツタノハガイを利用した腕輪（第2の貝の道と呼ばれている）が、東海、関東、東北地方の遺跡から多数発見されている（橋口 1988、沼澤 2001, 2009）。また伊豆諸島の遺跡から、新潟県のヒスイ、岩手県、千葉県のコハク製品が出土している。こうした貴重貝、貴石が海路、水路を利用して遠隔地に運搬される背景に海人の活躍がうかがえるのである（小田 1991）。

・縄文人のイノシシ牧場

　氷河時代と呼ばれた更新世が終焉を迎えた約1万2000年前頃、日本列島では土器の使用が認められ縄文時代が開始される。完新世の温暖な気候

〔第6章〕伊豆諸島の考古学調査

大島

下高洞遺跡
しもたかぼらいせき

利島
としま

大石山の縄文土器
おおいしやま

新島

渡浮根遺跡の骨角器
とぶねいせき

式根島

吹之江遺跡の須恵器
ふきのえいせき　すえき

神津島
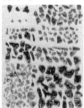
黒曜石製石器

三宅島

中郷遺跡の積石遺構
なかごういせき

御蔵島
みくらじま

ゾウ遺跡の
黒曜石製石器

八丈島

湯浜遺跡
ゆばまいせき

磨製石斧

土器

倉輪遺跡
くらわいせき

縄文土器

丸ノミ形石斧

中世陶器

図31　伊豆諸島の遺跡・遺物

のもと、縄文人は狩猟、採集活動に加え漁撈活動（特に海洋）を発達させた。約 8000 年前の伊豆大島・下高洞遺跡には撚糸文系土器文化の拠点集落（竪穴住居跡）が形成されている。黒潮海域からマグロ、カジキなど外洋性の魚類をとり、イルカを追いアオウミガメを食べていた。また縄文本土から子供のイノシシ（ウリボウ）を持ち込み成獣にし、食料にして儀式にも使用していた。約 7000 年前頃になると、北部伊豆諸島全域に縄文人の足跡が刻まれ、最南端の御蔵島に竪穴住居跡が発見されている（後藤・芹沢・大塚・金子・麻生・梅沢 1958）。さらに黒潮本流を越えた南部伊豆諸島の八丈島にまで先史人（縄文的でない）の渡航が認められている。

　約 6000 年前の縄文前期になると、伊豆諸島全域に縄文人の活動が認められ、関東・中部地方中心にした土器型式と、東海・関西地方の土器型式が伴出するのが特徴である。これは太平洋沿岸の黒潮海流を利用して西南日本地域の縄文人が、伊豆諸島に陸路より早くまた便利に往来していた証左である。そしておどろくことに、黒潮本流を越えた八丈島の倉輪遺跡（約 5000 年前）からも、関西系縄文土器が多量に発見されている事実である（川崎 1992）。この倉輪遺跡からはイヌ、イノシシが多数出土しており、埋葬された屈葬人骨が 3 体とヒスイ、コハク、蛇紋岩製の装身具が発見されている。なかでもイモガイを模した石製ペンダント、サメ歯製垂飾があり、より南西の琉球列島との交流もうかがえる（永峯・川崎・小田・前田・谷口・水山・佐倉・金子 1986）。

　約 4000 〜 2000 年前の縄文後期、晩期になると、縄文人は黒潮本流の内側に生活圏を縮小していくだけでなく、北部伊豆諸島でも三宅島以北に限定した活動が認められている。遺跡数も減少して、信仰に係わる遺跡（新島・田原遺跡など）が出現していく。こうした傾向は縄文本土でも同じで、その主たる原因は気候の寒冷化による環境の変化とも言われている。そして、この時期になって、伊豆諸島に初めて東北系縄文土器が登場している。このことは、黒潮沿岸流を利用した恒常的な西側からの海上交通ルートに

〔第6章〕伊豆諸島の考古学調査

加え、親潮を利用した北側からの渡航ルートが開設された証拠になる。東北地方の南部にはすでに縄文中期に神津島産の黒曜石が搬入されており（小田1997）、伊豆諸島の情報がこの地方に伝えられ渡航欲をかきたてられたとも考えられよう。

やがて約2300年前頃、北九州地方に大陸から鉄器、青銅器、大陸系磨製石器、機織技術、支石墓（しせきぼ）、水田稲作農耕などの新しい文化を保持した人々の渡来、文物の流入などがあった。これが弥生文化で、かなり短い時間で九州の南へ、また中国、四国、畿内地方にと広まっていった。そして、西日本の縄文文化を急速に弥生文化に変革させ、東海地方西部にまで波及していった。伊豆諸島はこの東海地方からの、海上ルートによる新しい弥生文化の波を、関東地方より早くかぶることになる（小田1999, 2005）。

・島の農耕文化

日本列島に渡来した水田稲作農耕を経済の基盤にもつ弥生文化は、東海地方西部までは急速に伝播してくるが、それより東へはただちに伝わっていかなかった。これは東日本の縄文晩期文化が、新しい弥生文化を受け入れる必要性にせまられていなかったと考えられている。つまり、東日本には豊かな食料を生み出す縄文の森が営々と息づいていたのである。

約2500年前〜2100年前の弥生前期後半になると、東海地方から弥生人が渡来し、新島、大島、三宅島に遺跡を残している。

約2100〜2000年前の弥生中期になると、新島、利島、大島、三宅島にやや規模の大きい集落がつくられる。弥生中期は東海地方で一担停滞した弥生文化が、東日本地域に伝播を開始する時期であり、約100年遅れて関東地方にも弥生社会が形成されていく。伊豆諸島の弥生中期社会は、その前段階からの続きであるが、より本州島との関係が緊密になっていることから、煩雑な海上交通があったと考えられる。

126

約 2000 ～ 1700 年前の弥生後期は、中期と同じ地域内での遺跡の増加が認められる。しかし、各遺跡の内容は貧弱になり、その生活の実態はつかめていない。

1987（昭和 62）年、いままで伊豆諸島の弥生文化は、北部伊豆諸島の三宅島までしか確認されていなかったが、黒潮本流を越えた南部伊豆諸島の八丈島に発見された。八重根遺跡の最下層文化に弥生後期の土器片が出土したのである。八丈島への渡航は縄文時代でも非常に困難な状況が想像され、御蔵島へも移住しなかった弥生人が八丈島へ渡航した目的は何であったろうか。この八重根遺跡からは次の古墳時代（1700 ～ 1400 年前）と奈良・平安時代（1300 ～ 800 年前）の遺構、遺物も存在することから、偶然の漂着とは考えられない（永峯・川崎・山村 編 1993）。

約 1700 ～ 1400 年前の古墳時代になると、弥生時代に定着した各島嶼の農耕社会を、より確かな村落共同体に発展させ生活していたようである。本州島で流行する首長の大古墳は、伊豆諸島には残されなかった。たぶん、水田稲作農耕が不可能であった伊豆諸島には、強力な経済基盤を必要とした権力者の眼が向かなかったのであろう。

やがて伊豆諸島にも律令体制の波が訪れ、伊豆国の支配下に置かれることになる。

・もう一つの先史文化

黒潮本流を越えた南部伊豆諸島の八丈島は、気候、動物、植物、風俗、習慣、言語を見る限り、西南日本的要素が強い。このことから、北部伊豆諸島の遺跡が常に本州島との関わりで語られるのに対して、八丈島は遠く黒潮の流れてくる彼方、またより南方の小笠原諸島、さらにマリアナ諸島との関連を注意しなければならない島である。

〔第6章〕伊豆諸島の考古学調査

八丈島の先史時代の考古学編年は、

　　第一期（湯浜遺跡）
　　第二期（倉輪遺跡）
　　第三期（供養橋遺跡 他）
　　第四期（八重根遺跡、火の潟遺跡）

に分けられている。

第一期

　現在までのところ、八丈島最古の先史文化である。湯浜遺跡で代表され、年代的には約7000年前〜6000年前頃である。島の西南海岸部に隅丸方形の竪穴住居を数軒構築し、無文丸底土器、刃部磨製石斧、打製石斧・打製石器類、磨石、石皿などを持っている。一見縄文文化的な様相が看取されるが、分厚い土器、石鏃が伴出しないこと、特殊な打製石器の存在などから、周辺の縄文遺跡に類似遺跡の存在は確認されていない。したがって、この湯浜人の出自系統をさぐるには、遠い南の島々や黒潮海流の彼方を含めた広い地域の視点から追跡する必要があろう。

第二期

　湯浜遺跡の隣接地に発見された遺跡（倉輪遺跡）で、遺物包含層は火山噴火輪廻回数で3枚上部に位置し、年代的には約5500〜5000年前頃である。同じ西南を向いた海岸部に、円形の竪穴住居を数軒構築し、集石、土坑、焼土遺構が存在している。イノシシやイヌを持ち込み狩猟活動を行い、神津島の黒曜石を多量に使用していた。出土した縄文土器型式から、近畿・東海地方と中部・関東地方の前期終末から中期初頭にかけての約200年間居住していたことが知れる。その間、倉輪人は八丈島を拠点にして幾度か黒潮本流を往来していたようである。

2. 伊豆諸島の先史文化

図32 八丈島第一期の遺物と遺構（湯浜遺跡）
左上：厚手無紋土器（地元の粘土で焼かれた）、右下：竪穴式住居跡（隅丸方形を呈している）

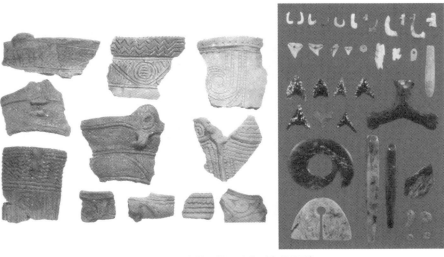

図33 八丈島第二期の遺物（倉輪遺跡）
左：関東・中部圏の縄文土器、右：釣針・ペンダント・石鏃・コハク玉・耳飾

129

〔第6章〕伊豆諸島の考古学調査

第三期

　供養橋遺跡で代表される島内出土の地点や包含層不明の、身が円筒形を呈した片刃磨製石斧をこの時期とした。この種の磨製石斧は、八丈島の第一期、第二期や北部伊豆諸島をはじめ縄文本土にも認められない型式である。片刃であることから、チョウナ的着柄による丸木舟製作工具と考えられる。類似した磨製石斧が分布する地域として、黒潮源流域近くの琉球列島、中流域の南九州地域から四国、紀伊半島などの太平洋沿岸部、そして八丈島よりさらに南の小笠原諸島やマリアナ諸島に多く認められている。おそらく、こうした地域からの先史人の渡来があった証拠であろう。

第四期

　八重根遺跡、火の潟遺跡を代表とした時期である。八重根遺跡は東山（三原山）と西山（八丈富士）の間の低地火口部に立地した特殊な作業場（魚介類の加工）の遺跡である。約2000年前の弥生時代後期～古墳時代前半併行期の第1文化層と約1500年前の古墳時代後半期～奈良・平安時代併行期の第2文化層が確認され、その上部層から中世、近世の遺物が出土している。八重根遺跡の土器は八丈島産と考えられる分厚い土器群に特徴があり、それに本州島からの薄手の搬入土器が若干伴っていることである。搬入土器は伊豆半島地域に類似型式が求められているが、地元産の型式は遠く琉球列島の奄美諸島とも似ているという。

　火の潟遺跡は新期の西山（八丈富士）側の西側海岸部に立地した特殊な作業場（製塩）の遺跡である。年代は約1000年前頃の平安時代併行期で、出土土器の型式が伊勢湾地方と類似しており、黒潮海流を利用して伊勢湾地域と交流があった証拠である。

　その後八丈島は平安時代末期には、相模國に属し鎌倉幕府の直轄地に組み込まれている（小田1999, 2005）。

130

2. 伊豆諸島の先史文化

大賀郷の道路工事客土出土　　孫兵衛遺跡出土

供養橋遺跡出土　　（伝）三根出土

八木沢の客土出土　樫立遺跡出土　樫立向里遺跡出土

図34　八丈島第三期の磨製石斧（供養橋遺跡ほか）
丸ノミ形磨製石斧を含む南方系の石器

図35　八丈島第四期の土器
左下：八重根遺跡、右上：火の潟遺跡、製塩土器

131

〔第 6 章〕伊豆諸島の考古学調査

3．小笠原先史文化との関係

　伊豆諸島はそれぞれの島が直線的に並び、また各島々の面積も小さいことから、島内及び島相互での自給自足は歴史時代においても困難であった。伊豆諸島は黒潮本流の内側の北部伊豆諸島と外側の南部伊豆諸島に分かれ、北部の島々は本州島と先史時代以来深い関わりが窺える。

　それに対して、南部の島々は気候、風土共に南西日本的であり、黒潮の流れてくる西側地域と深く関わった歴史が読み取れる。したがって、この両伊豆諸島より南の小笠原諸島との関係は、北部より南部の島々に多くの事実が認められている。

・八丈島のマリアナ系磨製石斧

　東京から約 300km 南の八丈島には、八丈島先史時代編年第三期と呼ばれる円筒形を呈する片刃の磨製石斧が多数発見されている。まだ正式な発掘調査で確認されていないが、約 4000 ～ 2000 年前頃までの時期に相当する。こうした型式の磨製石斧は、現在のところ本州島の縄文、弥生遺跡からは発見されていない。わずかに似た例が、南九州の鹿児島県の縄文草創期、早期に存在し、さらに南の琉球列島にも散見される。最も多数の類似例が知られる地域は、マリアナ諸島のグアム、サイパン島であり、次に小笠原諸島の北硫黄島と父島である。

　こうした事実から、おそらく黒潮本流の外側の八丈島には、黒潮海流の流れてくる琉球列島、南九州地域から、またより南のマリアナ諸島から小笠原諸島を経由して、それぞれ先史人の渡航があったと考えられる（小田 1977, 1982, 1988, 1989)。

132

・サンゴ礫利用の文化圏

　小笠原諸島の北硫黄島・石野遺跡（いしのいせき）で確認された約 2000 年前頃の先史文化は、いまのところ正確な出自系統を述べることはできないが、周辺地域との類似関係を摘出することは可能である。その中の一つにサンゴ礫とシャコガイを配した積石遺構が確認されている。

　日本列島において造礁サンゴの形成が認められるのは、黒潮本流の終着地域である房総半島付近が北限である。しかし、サンゴ礁の発達した地域となると、黒潮と亜熱帯の強い陽射しが必要であり、琉球列島の奄美諸島と小笠原諸島以南である。こうしたサンゴ礁域では、リーフ内の造礁サンゴ板石や海岸に打ち上げられたこれらサンゴ礫を利用して、住居の壁石や床石、墓の積石、石棺などに利用されることが多い。

　次に小笠原諸島を含めた造礁サンゴ地域とその周辺の考古遺跡で、サンゴ礫を利用した例について以下にあげる。

(1) 小笠原諸島の北硫黄島・石野遺跡（約 2000 年前）で、サンゴ礫とシャコガイを隅に配した積石遺構が確認されている（永峯・小田・早川 編 1992、小林・芹澤 編 2005）。

(2) 小笠原諸島の父島・大根山遺跡（おおねやまいせき）（年代不明）で、サンゴ製の礫器（チョッパー）が発見されている（宮崎・永峯・小田 編 1973、小田 1982）。

(3) 東京都南部伊豆諸島の八丈島・倉輪遺跡（約 5000 年前）ではサンゴ製の方形石皿が出土している（小田 1991）。

(4) 東京都南部伊豆諸島の八丈小島・鳥打遺跡（近世）ではイシバ様と呼ばれる信仰遺跡の配石中にサンゴ礫が使用されていた（青木・内川・粕谷 編 1994）。

(5) 東京都北部伊豆諸島の三宅島・中郷遺跡（なかごういせき）では、中世（14 世紀）の

〔第 6 章〕伊豆諸島の考古学調査

積石塚の積石円礫頂部や礫中にサンゴ礫が置かれていた（吉田 編
1982）。

(6) 沖縄県沖縄本島・木綿原遺跡では、貝塚時代前期から後期前半（約
2500 ～ 3400 年前）の石棺墓が確認され、板状のサンゴ石が石棺
の材料に、また棺底にサンゴ砂利を敷き詰めていた（当真・上原
編 1978）。

(7) 沖縄県沖縄本島・安座原遺跡では、貝塚時代後期の石棺墓が確認
され、石棺の材料にサンゴ礫が利用されていた（永井 1968）。

(8) 鹿児島県種子島・広田遺跡では、弥生中期から後期後半（約
2000 年前頃）の列石墓に、サンゴ礫が多数使用されていた（国分
1972, 1976）。

(9) 鹿児島県種子島・鳥の峯遺跡では、弥生中期から後期後半（約
2000 年前頃）の覆石墓（円形、楕円形、方形の積石で遺体を覆う）
から、白色のサンゴ礫が意識的に覆石内の中心部に置かれていた
（盛園・橋口・中橋 1996）。

以上サンゴを利用した石器、遺構の構成礫などを調べると、特に墓に関
した出土例が多く認められる。琉球列島地域ではこうした海からの送り物
である、サンゴや大型貝（シャコガイ、スイジガイなど）を、信仰の対象
物として使用した例が現在まで認められている。おそらくサンゴは長い年
月をかけて大きく成長し、貝は美しい殻を身にまとっている。そして、こ
れら強い生命力に神秘的な呪力を感じ、死者の霊の再生を封じ込むことを
祈願したものと考えられている。したがって、墓の中心にサンゴの塊を
載せたり、人骨の頭にシャコガイを被せたり、人骨を入れる石棺の材料
にサンゴ石を用いることは、この呪力に祈願する意味と考えられる（永井
1968）。

134

3. 小笠原先史文化との関係

　こうしたサンゴ石信仰が認められる地域を結ぶと、琉球列島から伊豆諸島、そして小笠原諸島へと、黒潮海域に培われた「サンゴ礁文化圏」が浮上してくるのである。

図36　サンゴを利用した縄文時代の石皿（倉輪遺跡）
サンゴ石を使用する信仰が伊豆・小笠原・南西諸島に分布している。

135

〔第6章〕伊豆諸島の考古学調査

4. 壺屋焼陶器が語る八丈島と小笠原

　八丈島には「南蛮焼」と呼ばれる、口が小さく胴が張った大きな甕が、各集落の民家の軒先や台所の奥に多く残されている。これらの甕は戦前まで水を貯める「水ガメ」として、各家々で最低一個は持っており、島の生活の必需品であった。戦後は水道が普及して水ガメの必要もなくなったことから、多くの甕は利用されずに屋敷内に放置されていた。八丈島歴史民俗資料館には、こうした多数の水ガメが、地元文化財関係者の努力によって早くに収集され、資料館前の広場に野外展示されている。

・発見史

　1972（昭和47）年、東京都教育庁文化課は「東京都遺跡分布調査会」（団長・東京都文化財審議委員会、日本大学 永峯光一）を設立し、伊豆諸島と小笠原諸島の現地調査を重点的に行った。この分布調査は、今まで確認されている「遺跡」の登録と、新しい遺跡、遺物の発見を目的にしたものであった。

　島嶼部の調査で注目されたのは、集落地周辺や祭祀関係施設などに多数発見される「陶磁器」であった。その多くは中・近世期の瀬戸・美濃などの焼き物類であったが、八丈島歴史民俗資料館や小笠原・父島、母島には不思議な焼き物が認められた。それは赤褐色を呈した焼締陶器で、口が小さく胴が張った大甕であった。八丈町文化財保護委員の葛西重雄によると、八丈島では「南蛮甕」と呼ばれ水ガメや島焼酎用に使用していたが、その由来は不明であるという。

　当時、こうした新しい時期の焼き物類は、まだ埋蔵文化財の対象外であり、報告書に記載されることは少なかった。

136

4. 壺屋焼陶器が語る八丈島と小笠原

図37　八丈島歴史民俗資料館の壺屋焼陶器
八丈島では南蛮甕・焼締陶器などと呼ばれていた。

〔第6章〕伊豆諸島の考古学調査

・汐留遺跡から壺屋焼徳利出土

　1991（平成3）年から行われた東京都港区汐留遺跡の発掘調査（団長・早稲田大学 滝口宏）で、近世期の伊達家上屋敷跡から壺屋焼と考えられる荒焼徳利が出土した。発掘調査を指導した東京都教育庁文化課の小田静夫は、この資料と1972年の東京都遺跡分布調査会の現地調査で八丈島、小笠原諸島で確認された壺屋焼類似資料を、沖縄県立図書館史料編集室の安里嗣淳と、那覇市教育委員会の金武正紀の協力で、本場の沖縄県那覇市壺屋出土資料と比較する目的で理化学的分析をパリノ・サーヴェイ研究所の徳永重元に依頼して実施した。その結果、すべて沖縄県の壺屋で焼かれた「壺屋焼陶器」であることが判明した（小田1996）。

図38　汐留遺跡の壺屋焼徳利
左：1991～'93年に発掘された伊達家上屋敷、右：都内で初めて発見された壺屋焼徳利

・八丈島への壺屋焼陶器の由来

八丈町大賀郷にある「八丈島歴史民俗資料館」では、1975（昭和50）年の開館に伴い、展示できるような島内の多くの「民具」が集められた。その中に地元で「南蛮甕」と呼ばれる大甕が多数存在していた。

1993（平成5）年4月、東京の研究者を中心に「壺屋焼共同研究プロジェクトチーム」（代表・東京都教育庁文化課 小田静夫）が結成された。そして1994（平成6）年8月8日〜9日に行われた現地調査によって、資料館に20点近くの資料が存在することが確かめられ、八丈町の文化財台帳に登録された。また1995（平成7）年7月20日〜23日には、沖縄県立図書館史料編集室の安里嗣淳、中央大学総合政策学部の宮本勝、フィリピン大学人文学部芸術学科のノルマ・A・レスピシオと「黄八丈と壺屋焼陶器調査」の現地調査を行った。さらに1997（平成9）年1月24日には、那覇市立壺屋焼物博物館館の渡名喜明、那覇市教育委員会文化財係の金武正紀らと八丈島の壺屋焼陶器調査を行い、島民の所有していた1点の「壺屋焼大カーミ」が故郷の博物館に寄贈され記念展示された意義は大きかった（小田1997, 1999, 2008）。

八丈島に多数残されている壺屋焼荒焼大カーミは、いつごろ、どのようなルートで、なぜこの島へ持ち込まれたのであろうか。まず、

① 御船からの流通品

② 沖縄県人の移住活動品

③ 大東島からの移入品

④ 糸満系漁民の活動軌跡

⑤ 東西交易による直接移入品

などが考えられる。江戸時代に琉球産の「泡盛酒」が、京坂や江戸市中で高価な薬酒として販売されていた。八丈島は当時、幕府の直轄地でありこ

[第6章] 伊豆諸島の考古学調査

うした珍しい南蛮の酒を入手した可能性も考えられる。また戦前には、多くの沖縄県人が小笠原や南方方面に八丈島を経由して、漁業・農業移民として渡航している。八丈島はこうした沖縄県人の渡島や通過活動によって、泡盛カーミが持ち込まれたとも考えられよう（小田 1999, 2008）。

・小笠原諸島の壺屋焼陶器はどこから

　小笠原の父島、母島、北硫黄島には、八丈島と同じ壺屋焼荒焼大カーミが発見されている。戦後帰島した母島の古老の話によると、八丈島からトウモロコシの保存、糖酎用のカメとして取り寄せたという（ロース記念館開設準備会事務局 編 1987）。小笠原への日本人の最初の開拓民は、1862（文久2）年の江戸幕府による八丈島からの移民であり、また1876（明治9）年の明治政府による八丈島民の移住者たちであった。

　一方、小笠原には戦前、多くの沖縄県人の農業・漁業関係者の移住活動があり、彼ら自身の愛飲用の「泡盛酒」のカーミとして持ち込まれたとも考えられる。しかし、八丈島や小笠原諸島では「島酎」（いも焼酎）は飲まれていたが、沖縄銘酒の泡盛を飲んでいた歴史はないのである（小田 1999, 2008）。

図39　母島・ロース紀念館の壺屋焼大カーミ

沖縄からの移住者たちが「泡盛酒」を入れて持ってきた。➡ P.177 図54参照

第7章 マリアナ諸島の考古学調査

〔第7章〕マリアナ諸島の考古学調査

　マリアナ諸島は、小笠原諸島の南、東経144度30分から146度、北緯13度から21度にあり、東経145度を弦として南北に弧状を描いて約300kmの間に約15の大小の島々と岩礁が連なっている。

　　本諸島を北部マリアナ島嶼群 — ファラリョン・デ・パハロス（パハロス、ウラカス）、マウグ、アスンシオン（アッソンソン）、アグリガン、パガン、アラマガン、ググァン、サリグァン、アナタハン、ファラリョン・デ・メディニラ（メディニラ）
　　南部マリアナ島嶼群 — サイパン、テニアン（ティニアン）、アギガン（アギーガン、アグイハン）、ロタ、グアム

に区分することもある。

　マリアナ諸島の地形的特徴をみると、北部マリアナは壮年期火山島で、山頂が海から険しくそそり立ち、面積も狭く、人間の上陸をはばんでいるようである。それに比べて南部マリアナは珊瑚礁の島で、面積も大きく、平坦な土地と緩やかに傾斜した山々が低く連なり、海岸線はリーフ（礁縁）と白砂の浜に囲まれたラグーン（礁湖）の形成が発達した島が多い。こうした自然環境から、南部マリアナの方が海の資源を中心にしたマリアナ先史時代人の生活には適していたようで、遺跡数も北部マリアナより格段に多く発見されている。

　マリアナ諸島に初めて登場した人びとは、紀元前1600年前頃に東南アジア島嶼部のフィリピン諸島やメラネシア地域から拡散移住した「新石器時代人」であった。考古学的研究で「先ラッテ期」と「ラッテ期」に区分され、先史時代文化は紀元後1600年頃まで続いていた。その後、ヨーロッパ人が初めてこの島嶼に渡来（1521年）した時点では、原住民の「チャモロ人」が各島嶼に多数生活していた。

142

1. 北部マリアナの考古学調査

・開拓史

　小笠原諸島に最も近いこの北部マリアナ島嶼群地域には、南部マリアナ島嶼群と同様に先史時代人の居住と、ヨーロッパ人渡来時点では原住民の「チャモロ人」が生活していた。

1521 年：ポルトガル人フェルディナント・マゼランがグアムとロタ島を発見して、この島嶼地域の存在がヨーロッパ世界に知られ「盗賊諸島」と命名された。その後、1564 年には「羅典帆諸島」と改名され、1668年には「マリアナ諸島」がヨーロッパ人による正式名になった。

1668 年：スペイン人ティエゴ・ルイス・デ・サンヴィトレスがキリスト教布教活動を行ったが、1672 年にグアム島で地元民の反乱にあい殺害された。

1698 年：この宣教師殺害事件を発端にして、スペイン人による原住民隔離政策が行われ、北部マリアナの住民がすべてサイパン島に移住させられた。

　これ以後、多くの島々が無人島になり、チャモロ族の人口も激減してしまった（矢内原 1935、長谷部 1932）。

1899 年：マリアナ諸島（グアム島はアメリカ領）は、スペイン領からドイツ領になった。

・調査史

1904 年：マリアナ群島司であったドイツ人ジョージ・フリッツは、アラガマンとパガン島に上陸して石柱遺構（ラッテ）を確認した。フリッツ

〔第7章〕マリアナ諸島の考古学調査

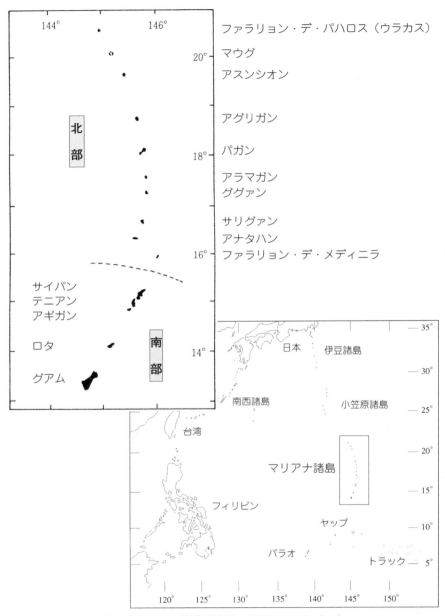

図40　マリアナ諸島（北部・南部グループの島々）

は両島の石柱が玄武岩で作られ、主石柱の脇に斜めに重量石が立てかけてあることにより、地震が多い島であるので主石柱をささえる支石が存在すると考えたのである（Fritz 1904、長谷部 1928）。この石柱遺構は、後に八幡一郎も実見している（八幡 1940a. b）。

1940（昭和 15）年：東京帝國大學理學部人類學教室の助手であった八幡一郎は、約 2 週間という短い期間でアラマガン、パガン、アグリガン、アスンシオン諸島に上陸し、石柱列（ラッテ）の確認や遺物存在の有無などを精力的に行った。その結果、以下のことが判明した（八幡 1940a. b）。

(1) 石柱遺跡はアラマガン、パガン、アスンシオン等に存在する。なお、聞くところによると、サリガンおよびずっと北の方のマウグにもあるという。したがって、石柱遺跡は北はマウグから南はグアムまで、ほとんどマリアナ諸島の全域にわたって存在する。

(2) 北部諸島の石柱は規模ならびに用材において、南部のそれと小異がある。しかし、南部のものに比して、建築の構造部分であることをより端的に示している。

(3) 洞窟の利用は南部諸島における同様、かなり顕著のようである。ことにアスンシオンでは埋葬に利用した形跡歴然たるものがある。

(4) 遺物の類は貧弱ではあるが、南部と全く同種のものが発見し得るであろう。石弾子は南部諸島産の石灰岩をもって作ってあり、南部から持って来たと考えられる。貝器もまた同様であろうか。

(5) 新資料として人骨製槍頭、菊花状青銅製品、法螺貝等を得た。なかんずく菊花状青銅製品ははなはだ大形であり、南部諸島発見例とともに欧船渡来後の遺物として珍重すべきである。

(6) アスンシオンの人骨の周囲に稲の籾殻を被せてあった事実は、これを栽培した場所が本島内でなかったとしても、マリアナ古住民が稲作に従事したという確実な証左とすることができる。

〔第7章〕マリアナ諸島の考古学調査

　戦後、八幡一郎の調査以来、長い空白の時期を経て1972（昭和45）年に青山学院大学大学院生であった江上幹幸、斎藤文子らによって、パガン島・レグサ遺跡の発掘調査が行われた。この調査で次のことが判明した（Egami and Saito 1973）。

(1) 八幡教授（1943）の既に指摘されたごとく、この latte の形状、材質は南部マリアナ・グループのものと地質条件によって若干異っていたが、遺物は全く同じで、彼我の文化交流の行われていたことを示していた。

(2) 層位的には、無遺物の間層（II）をはさんで2層認められ、下層（III）の方が時代的に latte に属す。この層からのカーボン14の年代は、A. D. 1325 ± 90、1494 ± 95、1665 ± 95 の3つが得られた。

(3) 南部マリアナ・グループにしばしば認められる、latte 内外の埋葬はここではなかった。

(4) 南部マリアナ・グループの最下層で普遍的に出土する「マリアナ赤色土器」は発見されなかった。

(5) 明代末の中国製磁器の破片が出土した。

(6) 白人渡来以前に、原住民であるチャモロ人が金属を所有していた可能性がある。

(7) また、従来、全く知られていなかったキジ科の鳥骨の出土は、古代チャモロ人が家禽をもっていたことを強く示唆している。

(8) フィリピンのタボン洞窟出土と同じ瑪瑙製のビーズが1個出土し、従来、説かれてきた、マリアナ・フィリピンの間の親縁関係の存在が、最早疑い得ないものになった。

1. 北部マリアナの考古学調査

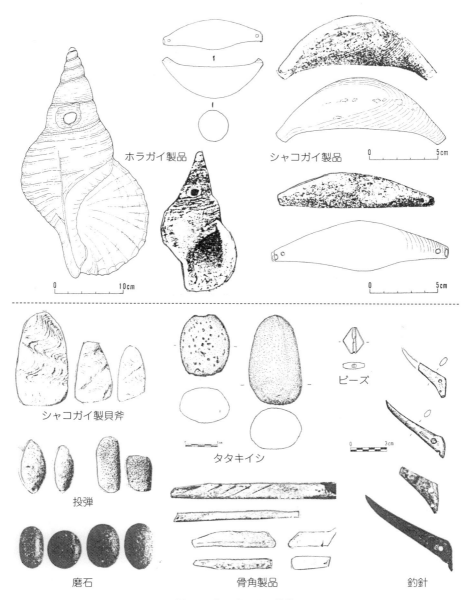

図 41　北マリアナの遺物
上：「アラマガン島」八幡一郎採集の遺物 1942 年、下：「パガン島」江上幹幸発掘の遺物 1973 年

〔第7章〕マリアナ諸島の考古学調査

　北マリアナ諸島の考古学的調査は、日本人考古学者によるこの二つの調査（八幡一郎 1940 年と江上幹幸 1972 年）しか知られていない現状であった。

1989（平成元）年：東京都は「小笠原諸島他遺跡分布調査」（団長・國學院大學 永峯光一）の実施を決定した。その準備もかねて同年 7 月初め、北海道東海大学の印東道子と東京都教育庁文化課の小田静夫、早川泉の 3 人は、サイパン島にある北マリアナ連邦歴史保護部公民文化課を訪問した。この時、北マリアナのアナタハン島に印東、早川がヘリコプターで渡り、海岸に面した村の切り通し断面でラッテ期の土器片を発見し、この島での考古学的遺物確認の最初になった（印東 1992）。サイパン島に残った小田静夫は、政府の施設や店舗に保管されていた陶磁器類の中に、沖縄産の「壺屋焼大型カーミ」類似品を確認している（小田 2005）。

1992（平成 4）年 5 月 6 日～6 月 15 日：千葉県立中央博物館がグアム大学、北マリアナ連邦政府、太平洋学術協会の協力で、自然科学的分野の総合調査を行った。この調査は、北マリアナ地域の学術調査としては、最も規模の大きいものであったが、人文科学的分野の研究や研究者が入っていなかったのは残念であった（Asakura and Furuki 1994）。
この調査に参加した同博物館動物科の黒住耐二によると、サリガン、アラマガン島で土器片と石器、貝斧などを地表面で確認したという。遺物は現地で撮影記録して、そのまま残してきたという。黒住耐二のご厚意でそれらの写真を見る機会が与えられ、驚くことにラッテ期の土器片や大型石皿、磨石、シャコガイ製貝斧が撮影されていた。

　北マリアナ地域の島嶼群には、戦前・戦後いくつかの島々で原住民「チャモロ人」の生活が営まれていた。しかし、唯一アナタハン島に残っていた住民（1989 年 7 月には 22 人居住）が、1990 年 4 月に火山性地震が、2003、2005、2009、2008 年には火山の大噴火が起こりサイパン島へ引上げた。その結果、北マリアナ島嶼地域は「無人島」になってしまった。

2. 南部マリアナの考古学調査

・発見史

1521年3月6日：ポルトガル人フェルディナント・マゼランは、グアム島のウマタック湾に上陸し、これがマリアナ諸島の最初の発見であった。この時マゼランは、ボートを島民に盗まれたことから「盗賊諸島」と呼んだ。

マゼラン一行の船が湾に到着すると、原住民のカヌーが多数接近してきた。この原住民が以前からマリアナ諸島に住んでいた「チャモロ族」であった。チャモロ族は、白人と接触した時点では漁撈と農耕を主とした生活をしていた。漁具としては腕木附の丸木舟と、網、槍、釣針を用いて魚をとり、礁から貝を採っていた。畑からはヤム芋、タロ芋、バナナ、パンの実、甘藷、ヤシの実を収穫していた。家畜はいなかったらしい。道具としては、石器、貝器、骨角器、木器などで、鉄はまだ知らなかったようである（Spoehr 1957）。

1564年11月：スペイン人ミゲル・ロベス・レガスピが、メキシコへの航海途上に本諸島を発見し「羅典帆諸島」と命名し、サイパン島に上陸してスペイン領としての占領式を行った。さらに1565年にはフィリピンの占領に向かう途中にグアム島に立ち寄り、スペイン領としての宣言を行っている。

1662年：スペイン人ティエゴ・ルイス・デ・サンヴィトレスが、キリスト教布教のためグアムに到着するが一旦帰国する。

1668年：サンヴィトレスが再度グアムに到着し、スペイン王フィリップ四世の王妃マリア・アンナの名を付けて「マリアナ諸島」と命名した。

1672年：キリスト教の布教は、固有の宗教との間で摩擦を起し、サンヴィ

〔第7章〕マリアナ諸島の考古学調査

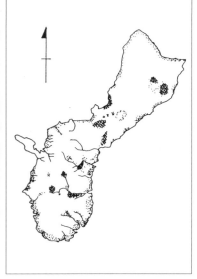

図42　南部マリアナのラッテ遺跡
上：ヨーロッパ人が描いたテニアン島のラッテ遺跡、左下：ラッテストーン（グアム島）
右下：グアム島のラッテ遺跡分布図

トレスがグアム島で殺害される。

1698 年：宣教師殺害事件を発端にして、スペイン人による原住民隔離政策が行われ、テニアン、ロタ島民がグアム島に、北マリアナ島民はサイパンに強制移住させられた。

1698 年：スペイン政府はマリアナ諸島の全チャモロ人を、グアム島に強制移住させた。

こうして、17 世紀の最終末より 18 世紀のはじめにかけて、マリアナ諸島では原住民はグアム島をのぞく他の島々には一人もいなくなってしまったのである（矢内原 1935、長谷部 1931 ほか）。

1899 年：スペインは米西戦争の結果、フィリピンとグアム島をアメリカに渡し、残りのマリアナ諸島はドイツに売却し、ここにマゼラン以来のスペインの太平洋統治は終了した。

・調査史

1922 〜 25（大正 12 〜 15）年：ハワイ・ホノルルのビショップ博物館の資料蒐集人ハンズ・ホーンボステル夫妻がグアム島に長く滞在して約 1 万点に及ぶ膨大な考古学的遺物を集めて帰国した。この資料は後の 1932（昭和 7）年に、同博物館のローラ・ソンプソン女史によってまとめられた出版された（Thompson 1932）。

この資料について、1988（昭和 63）年 3 月ビショップ博物館の篠遠喜彦のご厚意で、国際基督教大学考古学研究センターの林徹と東京都教育庁文化課の小田静夫が同博物館で観察する機会に恵まれた。同博物館には、ポリネシア地域の膨大な「考古学・民族学的資料」が保管、展示されており、また多くの貴重な文献が揃っていた。

1915（大正 4）年：東京帝國大學理學部人類學教室は長谷部言人、松村瞭、柴田常恵の 3 人をミクロネシアに派遣した（長谷部 1915）。

〔第7章〕マリアナ諸島の考古学調査

1927（昭和2）年、長谷部は、サイパン、テニアンの両島の考古学的調査を行い、日本人として初めてマリアナ諸島の概要をまとめている。長谷部によると、この島嶼地域の遺跡には次の三つのタイプがあるという（長谷部 1928）。

(1) 林や草原に石器、貝器、土器破片などが散布している。島民はこの場所をアテニと呼び、幽魂の棲む所でこの場所へ立ち入ったり、遺物を使用することを忌むという。

(2) 高さ1m～6m、横断長方形の石柱が5基または6基づつ二列に、一定間隔で立てられている場所。この石柱の上には半球形状の石がのせてある。家の跡と考えられ土器、石器などが発見される。その内外の庭からは人骨の埋葬があり、基地として利用されたらしい。

(3) 高地にある石灰岩絶壁の洞窟に、洞窟の壁面にはススや彫刻を施したものもある。洞窟床からは遺物が出土し、人の頭骨を置いた例もある。

そして、長谷部博士はサイパン、テニアン両島において、珊瑚礁塊を積んでプラットホーム状にした遺構や山の端を階段状に整地した集落構造は認められないとした。この三のタイプは現在でもマリアナ諸島の遺跡の種類をよく表現したものと言える。つまり、① は遺物散布地、② はラッテ遺跡、③ は洞窟、岩陰遺跡である。

また、長谷部博士はこれらの遺跡から発見された12種の遺物も紹介している。

(1) 石臼、半球形の石の中側を凹ましたもので、この凹みに物を入れて杵で潰す。

152

(2) 石貨、石、貝を用い弓状に加工し、両端に孔をあけた例もある。網錘の可能性もある。

(3) 石壺、石製の瓶子形をした頸の細い壺。水を冷やすのに用いる。新しい時代のものかも。

(4) 人骨製槍頭、人の右脛骨で作り、先端は半月、基部は三種の断面をもつ。

(5) 土器片、鉢、深皿形で口縁厚く手づくね。大半は無紋、有文には指頭、爪端の圧痕がある。

(6) 石錘、自然石に孔をあけたもの。また卵形の石に縦横の溝を入れたものもある。

(7) 貝製小圓盤、貝殻を円形に加工し、中央に孔を一つあけたもの。

(8) 角製鉤、先が細い針状のもの、着端は斜めに磨かれ二つの孔が並べてあけられている

(9) 貝製鉤、半月状を呈し扁平で両端が細い。一端に孔があり結合式釣針の部品に似る。

(10) 貝斧、シャコガイの波状輪文が表面に残り、長三角形で貝殻の外面側に刃がつけられる。

(11) 石斧、二種の主要形式と三種の中間、変形そして未成品がある。打割と切断品に分かれる。

(12) 投げ石（石弾、石弾子、ケンカ石）、紡錘形を呈し、戦いや猟具、儀式に用いた。

1928（昭和3）年7月〜8月：再び長谷部言人はミクロネシアのトラックとポーンペイ島を訪れている（長谷部 1929）。

1929（昭和4）年：長谷部のミクロネシア調査に同行した助手の八幡一郎は、この時を含めて三回の考古学調査を行い、精力的に論文を発表している（長谷部・八幡 1939、八幡 1932a. b. c、1940a. b. c）。

[第7章] マリアナ諸島の考古学調査

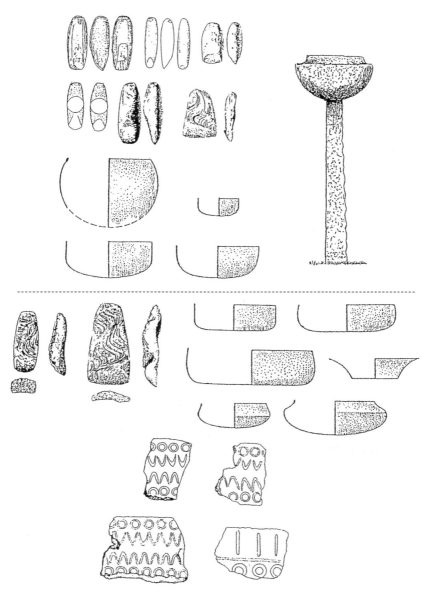

図43 南部マリアナの遺構と遺物
上：ラッテ期（1150BP～）、下：先ラッテ期（3600～1150BP）

2. 南部マリアナの考古学調査

1937（昭和12）年8月12日〜29日：慶応義塾大学の松本信広を中心にしたミクロネシアの調査で、八幡一郎はサイパン島のソンソンで石柱遺構を発掘した（八幡1943）。

1949（昭和24）年から1年間：ハワイ・ホノルルのビショップ博物館館長のアレキサンダー・スポアーは、サイパン、テニアン、ロタの三島で発掘調査を行った（Spoehr 1957）。スポアー博士は、遺跡を層位的に発掘することと、C-14年代測定法でその時期を探ることに力を入れた。その結果、マリアナ諸島には紀元前から人間が居住していることがわかり、以前から謎とされていた石柱列（ラッテ）の時期も明らかになってきた。また、重要なことであるが、マリアナの文化系統がフィリピンに辿れる可能性を示唆したのである。

1965（昭和40）年から1年間：アメリカ人の考古学者フレド・ラインマンは、グアム島で調査を行った（Reinman 1968）。ラインマン博士はグアムで136の遺跡（うち79は海岸、57は内陸部）を調査し、島の南部を中心に発掘調査を実施している。その成果として、マリアナの土器の編年が確立してきたことをあげなければならない。つまり、スポアー博士がサイパン島の遺跡で確かめた「マリアナ赤色土器」から「マリアナ無文土器」へという編年が、グアム島の遺跡でも層位的に裏付けられたことである（高山1970、植木1978）。

1970（昭和45）年、71年、そして74年：東海大学の文化人類学者高山純によるロタ島の石柱列（ラッテ）の発掘調査が行われた（Takayama and Egami 1971、高山 1973a. b）。高山はモーチョンにある石柱列（M1-M4）を4ヵ所発掘して、M-1K から伸展葬や複葬的埋葬された多数の人骨が出土し、M-2 の最下層からマリアナ赤色土器を発見している。M-4 からは多数の釣針とその未製品が出土し、別のタイプの土器が出土した。また、C-14年代も次のように出されている。M-1 で A. D. 1780 ± 80、1640 ± 100、1525 ± 100、1335 ± 100、M-3 の 第3層 A.D. 1620 ±

155

〔第7章〕マリアナ諸島の考古学調査

75、M-4の第2層でA. D. 1205 ± 85、第3層でA.D. 1590 ± 115と測定された。

1973（昭和48）年：青山学院大学の江上幹幸は、サイパン島のオレアイ海岸付近で採集されていた19点の石器と1点の金属製工具を紹介した（江上1973）。

1978（昭和53）年：沖縄県教育庁文化課の安里嗣淳は、生まれ故郷のテニアン島を墓参のため訪れた折、同島で採集した遺物の紹介をした（安里1978）。

1979（昭和54）年：長野県の考古学者佐藤慶二は、テニアン島のマルポ井戸及びカロナス付近で採集されていた土器2点、石器16点を紹介した（佐藤1979）。

1980（昭和55）年：グアム大学の倉品博易博士は、グアム島北部のタラゲ遺跡の発掘調査を開始した（Kurashinaほか1981）。文化層が数枚あり、LayerIはラッテ期、LayerII-VIIIまでは先ラッテ期の遺物が出土し、層位的な土器の編年関係が把握された。またC-14年代測定も行われ、LayerIは1150 ± 80B. P.、LayerVは2100 ± 270B. P.、LayerVIIは3060 ± 350B. P.、LayerVIIIは3435 ± 70B. P.と出ている。タラゲ遺跡の成果はマリアナ諸島の先史化を大きく書き換える資料になるだろう。

1984（昭和59）年10月〜12月：ロタ島のソンソン村からロタ空港を結ぶ海岸沿い道路の発掘調査が行われた。マリアナ先史文化後期（ラッテ期）の遺跡が4ヵ所存在し、その内3遺跡に対して24のテストピットと8カ所のトレンチが設定され、10ヵ所が発掘された。出土した遺物の大半はラッテ期のもので、一部16世紀の初期スペイン人入植期の遺物も発見された。年代はC-14年代測定で最古が約2600年前、大半は約2000年前後の遺跡が中心である。また24体の埋葬人骨群も確認され、その半数は先史文化後期（ラッテ期）に所属するものであった。この人骨群と共伴遺

156

2. 南部マリアナの考古学調査

物の型式関係から、明確な時間的変遷が把握された（Butler 1988）。

1990（平成 2）年：北マリアナ事業団、歴史文化保存課の支援のもと、アメリカ南イリノイ大学カーボンデール校考古学センターのブライアン・バトラーはアギガン島の考古学的調査を行った。遺跡または遺構は**71 ヵ所（先史時代 38、日本軍占領時の近代遺跡 33）**発見され、その幾つかは発掘調査が行われている。また、島の土器についての優れた分析がなされ、粘土や完成品が搬入されたことが判明している。土器の大半はラッテ期（9 〜 17 世紀）のもので、テニアンやサイパン島の影響より、ロタやグアム島の影響が強いことが判明している。先ラッテ期の土器は数点しか発見されていない。またこの調査で旧日本人集落の詳細な記録も作成され、この中には沖縄県移住者が使用した「壺屋焼^{つぼややき}」の焼締陶器^{やきしめとうき}（大カーミ）なども記載されている（Butler 1992）。

1993（平成 5）年：バトラーはサイパン島のアチュガオ岬で発掘調査を行った。この調査でマリアナ赤色土器を伴う住居跡が発見され、C-14 年代測定も多く行われている。特に初期先ラッテ期の年代は、2790 ± 50B. P.、2530 ± 80B. P. 、2980 ± 80B. P.、3490 ± 120B. P.、3120 ± 50B. P. と出されている。このことより、マリアナの先史文化は 3500 〜 3000 年前にまで遡ることが確かになったのである。しかし、石器の出土は少なくチャートやフレイクが数点出土したのみであったが、貝製品にはビーズや腕輪など見るべきものがあった。釣針は 1 点のみであった。ミクロネシアで特徴的に伴う「シャコガイ製の貝斧」はほとんど初期先ラッテ期に出土しなかったことは、こうした貝斧の出現時期に新たな見解を与えたことになる（Butler 1994）。

マリアナ諸島の考古学的調査は年々活発になっており、多くの発掘報告書が出版されている。それらのなかで、マリアナ先史文化の起源や系統に関する議論もなされており、地理的に近い小笠原諸島との関係もそのうち判明してくることであろう。

157

〔第7章〕マリアナ諸島の考古学調査

3. マリアナ諸島の先史文化

　マリアナ諸島はミクロネシア地域では、最も早く先史人が移住した場所である。言語学的にはチャモロ語が話され、アウストロネシア語系インドネシア語派に分類されている。マリアナ最古の住民は約3600年前頃、メラネシア地域、またはフィリピン島嶼部から、土器（マリアナ赤色土器）園芸農業（タロ芋、ヤム芋など）、家畜をもって移住してきたモンゴロイド集団と考えられている。そして、マリアナ先史文化は、ラッテと呼ばれる立石遺構が出現した紀元後約800年頃を境にして、先ラッテ期とラッテ期の二時期に区分されている（印東1992）。

・先ラッテ期（約3600年前頃〜紀元後約800年頃）

　グアム、サイパン、テニアン、ロタ島の南部マリアナからこの時期の遺跡が発掘されている。遺跡の立地は前面にリーフをもつ砂浜沿いで、約1〜3mの深さに包含され、必ずラッテ期の包含層下に発見され単独遺跡は未発見である。オセアニアの多くの初期遺跡がこうした砂浜部に発見され、海上交通による人の移動や海洋資源による食料依存が中心の生活であったことが窺える。

　先ラッテ期の遺跡であるサイパン島・アチュガオ遺跡では、住居跡と共にマリアナ赤色土器が少量とチャート製フレイクが出土し、貝製品にビーズ、腕輪など、また釣針も発見されている。しかし、この地域に豊富に存在する「シャコガイ製の貝斧」が発見されていない事実は、こうした貝斧の出現期を考える上で重要であった（Butler 1994）。

　オセアニアに広く分布しているシャコガイ製貝斧は、貝の利用部分で大きく二つに分類される。それは貝の腹縁部を使用した例（ドーサルタイプ）

158

3. マリアナ諸島の先史文化

と、チョウツガイ(蝶番)部分を利用した例(ヒンジタイプ)である。そして、前者はマリマナ諸島を含めたオセアニア地域に広く分布し、ラピタ文化の古期(約3500年前)にすでに出現しているという。後者はオセアニア地域にもあるが、特にフィリピンと南琉球地域に多く発見されている(高山1977b、安里1991)。そして、シャコガイ製貝斧の発生に関する好資料が、フィリピン南部のバロボク岩陰(いわかげ)遺跡で発掘されている。それによると石製の剥片石器からシャコガイ製剥片製品へ、そしてオノの機能を持つ打製シャコガイ製貝斧が誕生し、磨製石斧の影響下で磨製のシャコガイ製貝斧へと発達していく様子が解明されている(安里1994)。もし初期マリアナ先史文化に磨製のシャコガイ製貝斧が伴わないとすれば、ラッテ期に発生したか、またはメラネシア地域に突如現れたラピタ文化か、またはフィリピン地域からの伝播であろうか。今後の南部琉球地域を含めたシャコガイ製貝斧の研究がまたれる。

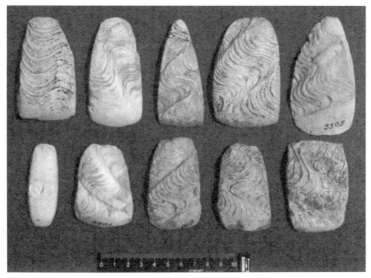

図44 先ラッテ期の遺物
シャコガイを使用した貝斧、小笠原・石野遺跡にも存在している。

〔第7章〕マリアナ諸島の考古学調査

・ラッテ期（紀元後 800 ～ 1600 年代頃）

この時期の特徴は、かつて「石柱列」と表現された巨石遺構で「ラッテ・ストーン」と呼ばれている。これはサンゴ石灰岩を使用して、シャフト（立石）とキャップストーン（半球状載石）が組み合わされ、2 本で一対となり、3 ～ 7 対で一遺構をなす石造物である。

この遺構は家の土台説が一般的であるが、巨大な例も存在することから特殊な遺構（祭祀、墓域）とする説もある。そして、このラッテ遺構の周辺からは土器（マリアナ無文土器）、シャコガイ製貝斧、石弾、石臼、埋葬人骨などが発見される。先ラッテ期遺跡の分布は南部マリアナに限られているが、ラッテ期の遺跡の分布は北部マリアナにも認められている。戦前八幡一郎は、アラマガン、パガン、アスンシオンにあるラッテを調査し、さらに北方のサリガン、マウグ島にも存在するという情報を報告している（八幡 1943）。つまり、マリアナ先史人の居住地域がラッテ期には、マリアナ諸島全域に及んでいたことになる。

北部マリアナ・パガン島のレグサ遺跡の発掘調査で、ラッテ遺構とラッテ期の 2 枚の文化層が確認された。出土遺物は土器（マリアナ無文土器）、シャコガイ製貝斧、石弾、磨石、タタキイシ、釣針、骨針、メノウ製ビーズ玉、中国製陶磁器（明末）などがあった（Egami and Saito 1973）。

レグサ遺跡の発掘では発見されなかったが、ラッテ期に特徴的な石器として身が円筒形をした片刃の磨製石斧がある。一般に「円筒石斧」と呼ばれ、主に丸木舟の製作に使用された工具と考えられている。現在ハワイ・ホノルルのビショップ博物館に、サイパン、グアム島で採集された 1,600 点以上の多量の円筒石斧が保管されている（Thompson 1932）。そして、マリアナ諸島にこれほど円筒石斧が流行する背景には、重厚な手斧の材料としての大型シャコガイの生息（小型のシラナミ：Tridacna maxima しかいない）がなかったことが起因しているとも考えられている。こうした円筒石斧は

160

3. マリアナ諸島の先史文化

広くオセアニア、東南アジア、東アジア地域に特徴的に分布しており、最古の例は鹿児島県・栫ノ原遺跡(約1万2000年前、縄文草創期)出土の「栫ノ原型石斧」である。しかし、日本以外の例の多くは、約4000年前以降の所産のものである(小田1997)。

図45　ラッテ期の遺物
上：円筒石斧、下：磨製石斧。グアム島にて多数発見され、小笠原・石野遺跡にも存在する。

〔第 7 章〕マリアナ諸島の考古学調査

・植民時代（1521 年〜 1986 年）

　マリアナ諸島は 1521 年、ポルトガル人のマゼランにより発見され、続くヨーロッパ人の来航と植民地支配の歴史を辿ることになる。

1565 年：スペインの領有地になる。

1899 年：スペイはグアムをアメリカに割譲し、そのほかをドイツに売却した。

1914 年：第一次世界大戦が始まり、日本は南洋群島を占領した。

1920 年：旧ドイツ領南洋群島が日本の委託統治領になる。

1941 年：太平洋戦争が始まる。

1945 年：終戦。

1947 年：南洋群島が太平洋諸島信託統治領として、アメリカの支配下におかれる。

1975 年：マリアナ諸島民は、アメリカ自治領（コモンウェルス）となることを選択。

1977 年：北マリアナ諸島コモンウェルスが成立。

1986 年：北マリアナ諸島コモンウェルスが終了。

　この植民時代に日本政府は、多くの移住者を南洋群島の開発に送った。その主要な渡航ルートとして、横浜から八丈島、小笠原経由でサイパン島に汽船が就航している。また沖縄県人の大量移民に関しては、直接那覇からサイパン島に就航したルートも存在していた。

　マリアナ地域への日本人の移住史は、

1915（大正 4）年：沖縄県糸満出身の玉城組一行 17 人が、サイパン島に渡島して沖縄式追込漁法を始めたのが最初とされる。

1917（大正 6）年：東京都八丈島からもサイパン島に移住している。

1920（大正 9）年：第一次世界大戦終了とともに南洋群島が日本の委託

162

統治領になると、サイパン、テニアン、パラオ島などへの移住が開始された。その大半はサトウキビ栽培の仕事であったが、漁業に従事する者も多かった。

1942（昭和17）年の統計では、内南洋（サイパン、テニアン）の日本人総数は71,647人（内沖縄県人56,927人）であった。そのうち漁業関係者は日本人総数6,719人（沖縄県人6,161人）であった。移住者の中心が沖縄県人であったことがわかる（沖縄県教育委員会編1974, 1976）。

こうした沖縄県人を中心にしたマリアナ地域への移住に伴って、自家用の酒（泡盛酒）として「壺屋焼」の焼締陶器の大甕が大量に海を渡ったのである。飲酒後この大ガメは、水ガメや糖酒の容器として活躍したのである。最近のアメリカ人による考古学調査で、これらの壺屋焼焼締陶器が発見され沖縄産と記載されている（Butler 1992）。

図46 植民時代のチャモロの家
ドイツ人がスケッチしたグアムの石柱家屋、1904年

〔第 7 章〕マリアナ諸島の考古学調査

4．小笠原諸島との関係

　マリアナ諸島と小笠原諸島は南北に隣接した大洋上の孤島群で自然環境的にも類似し、先史人が拡散していく道程で両地域の居住条件に違いがなかったと考えられる。したがって、この両島嶼群は亜熱帯地域として、共通の文化圏を設定することが可能である。

・石野石器文化

　マリアナ先史文化はラッテの出現を境にして、二つの時期区分されている。そして、その初期の先ラッテ期には人々は造礁サンゴが発達した南部マリアナに居住し、後半のラッテ期になり火山島の北部マリアナ諸島にも移住していった。おそらく、このマリアナ先史人の拡散の波は、さらに北側の小笠原諸島にも及んだ可能性は否定できない。

　この小笠原諸島・火山列島の北硫黄島で確認された大規模な石野遺跡の先史文化は、年代（約 2000 年前）、巨石・配石遺構、線刻画、土器、石器、貝製品などから、本土との関係はなさそうである（永峯・小田・早川 編 1992、小林・芹澤 編 2005）。とすると、地理的に一番近接したマリアナ先史文化との関係が考えられる。一方、土器などにはマリアナ先史文化（ラッテ期）の様相もあるが、こうした渡島困難な火山島への文化圏の拡散は考えられず、北マリアナ地域の活発な火山活動で、先史人が一時的に避難した場所の可能性も検討する必要があるという（印東 1992）。

164

4. 小笠原諸島との関係

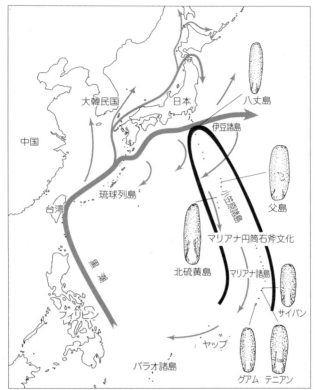

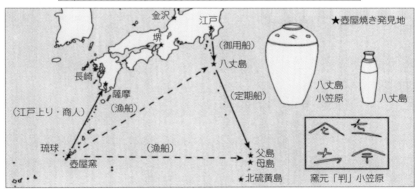

図47　マリアナと小笠原の先史文化
上：丸ノミ形石斧の故郷（マリアナからの円筒石斧の北上）、下：壺屋焼の故郷（沖縄移民が残した「泡盛酒」大型カーミ）　➡資料集 P191、P194 参照

〔第 7 章〕 マリアナ諸島の考古学調査

・丸ノミ形石斧

　父島や北硫黄島で発見されている円筒形をした「丸ノミ形石斧」と呼称される片刃磨製石斧は、マリアナ先史文化のラッテ期に多数出土する「円筒石斧」と同じ系統である（江上 1973）。

　こうした円筒石斧は、マリアナ諸島から小笠原諸島を経て、南部伊豆諸島の八丈島にまで確認されている。この事実から、マリアナ諸島から日本列島へ北上した先史時代人の軌跡が想定され、南方からの「もう一つの日本文化」とも考えられる「太平洋の道」の証左であった（小田 1992）。

・壺屋焼大型カーミ

　サイパン島やアギガン島の考古学的調査で多くの陶磁器類が発見されている（Butler 1992）。この中に沖縄産「壺屋焼」の大型カーミがあり、同じ大型カーミが小笠原諸島の北硫黄島、父島、母島でも発見されている。さらに北側の伊豆諸島の青ケ島、八丈島、三宅島、大島にも存在し、また都内の近世遺跡からも発掘されている。

　この大型カーミは、沖縄特産の「泡盛酒」を入れた酒カメである。そしてこの特徴的な陶器の分布を追跡すると、近代史における沖縄県人（世界のウチナーンチュ）の移住・活動軌跡が復原できる貴重な証拠品であった（小田 1997, 2005）。

第 **8** 章

小笠原の考古学資料群

〔第8章〕小笠原の考古学資料群

　小笠原諸島の考古学的資料は、確かな先史時代遺跡の存在が確認された北硫黄島の「石野遺跡」を除き、すべて採集遺物を中心にした資料のみである。したがって、時期的考察は遺物の型式から類推し、周辺地域の時期区分と対比させる方法をとることになる。

　ここで仮に石野遺跡系、大根山遺跡系、丸ノミ形石斧系、沖村遺跡系、評議平系、近代陶磁器系の6つの資料系統に分けて小笠原の先史時代の様相を探ってみることにしたい（小田・水山 編 2002）。

1．石野遺跡系

　石野遺跡で発見された土器、石器群を中心に、時期設定が可能である。内容は無文土器、打製石器、タタキイシ（敲石）、貝斧状貝製品などを主体にした石器文化である。

　北硫黄島旧石野村の後背高台に立地する石野遺跡は、現在までの現地調査で普通の集落遺跡と異なる「祭祀や墓地的」性格をもった遺跡と考えられている。年代はシャコガイ片の放射性炭素年代測定（C-14）で 1980 ± 80y.B.P.（30B.C.）（Guk-15903）　と、1760 ± 40y.B.P.（IAAA-41487）が出されている（橋本・矢作・馬場 1992、橋本・北脇 2005）。この年代は当初予定していた 16 世紀以前という年代観を大きく遡る結果であり、日本での弥生時代に相当する古さであった（永峯・小田・早川 編 1992、小林・芹澤 編 2005）。

　遺物の特徴をみると、土器はすべて無文土器で二種類以上の器種構成（厚手、薄手）が認められ、土器片の胎土分析からその一部にマリアナ地域（グアム、ロタ島）の土器と同じ胎土組成を示す例が存在していた（橋本・矢作・馬場 1992、上條 2005）。

　石器は打製石器（石斧、スクレイパー）と磨石、石杵などが主体であり、

168

1．石野遺跡系

マリアナ地域の磨製石斧を中心にした石器群様相と異なっていた。むしろ、伊豆諸島、本州島や奄美・沖縄諸島から南九州地域の石器群に、こうした打製石器類を多く使用する遺跡が認められている。

ただ一つ貝製品（シャコガイ製貝斧状製品）だけは、マリアナ諸島を含めたオセアニア地域の貝斧の系統（シャコガイ腹縁部使用）である。

遺構類には、祭壇、積石遺構、線刻画（せんこくが）が描かれた巨石がある。オセアニア地域には石組の祭壇遺構などが広く分布しており、巨石を利用する施設という点からは共通している。しかし、本遺跡の例を細かく検討するとそう簡単ではなさそうである。たとえば、自然の丸石を組み、中央に立石を配す石組遺構は、縄文時代をはじめ本州島の先史〜歴史時代にまで広く存在している。またシャコガイやサンゴ石を配した積石遺構は、北側の伊豆

図48　上：北硫黄島遠景、下：石野遺跡、線刻画が描かれた巨石

169

〔第 8 章〕小笠原の考古学資料群

諸島や西側の琉球列島に類似した石積遺構（積石墓、覆石墓）が分布しているのが知られている。

　また巨石に描かれた線刻画は、伊豆諸島や琉球列島には知られておらず、むしろオセアニア地域の伝統とも考えられ、特徴的な彫刻手法（ペッキング技法）はハワイ諸島に類似例が知られており、その分布圏を探る必要があろう。

　石野遺跡の石器文化は北硫黄島という地理的位置からして、より南のマリアナ地域との関連で考えるのが順当であるが、その文化様相の中にはオセアニア地域、また西太平洋を挟んだフィリピン諸島、琉球弧、そして北側の伊豆諸島にも及ぶ各種内容が含まれていることが指摘されている（永峯・小田・早川 編 1992、小林・芹澤 編 2005）。石野遺跡の全貌は、やっとその入り口が見えてきたばかりである。

2.　大根山遺跡系

　父島大村湾に突き出した台地上に立地する大根山遺跡は、現地がすでに工事で削平されており、遺構などの確認はできなかったが、整地された地表面に多数の石器類が分布していた（宮崎・永峯・小田 編 1973、小田 1992）。しかし年代については、土器、陶磁器などの時代の目安になる遺物の発見がなく不明であるが、打製石器を主体にした石器群様相からして石野遺跡に近い時期と考えられる。

　遺物は石器しか確認されていない。すべて打製石器で、器種には打製石斧、礫器、スクレイパー、剥片、石核などあり、石野遺跡に存在した土器、磨石、石杵などの発見はなかった（永峯・小田・早川 編 1992）。石器の特徴として砂岩、サンゴを使用した大型石器群と、メノウを使用した小型石器群が共存していることである。

170

2. 大根山遺跡系

　こうした石器類様相は、マリアナ地域、台湾島などでは石英、フリント製品が、琉球諸島ではチャート製品が、砂岩、緑色岩などの大型石器と共伴する事例が多く知られている（宋 1969、Reinman 1968、加藤 1996）。石野遺跡にも小型剥片石器があるが、玄武岩製大型石器の製作過程で生じた同母岩の砕片（チップ）を使用した製品である（小林・芹澤 編 2005）。伊豆諸島では神津島産の黒曜石が、石鏃（せきぞく）、スクレイパーなどの小型石器に多用されている事例は周知のとおりである（小田 1997）。

図49　大根山遺跡
上左：礫器、上右：メノウ製剥片、中左：打製石斧、下：大根山遺跡遠景

〔第8章〕小笠原の考古学資料群

3. 丸ノミ形石斧系

　小笠原諸島で最初に発見された北硫黄島の3点の丸ノミ形石斧類（甲野1942、小田1978）と父島西町伝世品の1点の片刃磨製石斧（小田1989）を代表とする時期設定である。

　これらの石斧の特徴は、身の断面が棒状（円形）を呈し「円筒石斧」と呼ばれている。小笠原のすぐ南側のマリアナ先史文化では、こうした円筒石斧は紀元前1500年前から開始される初期の「先ラッテ期」にはまだ出現しておらず、紀元後800年以降の「ラッテ期」に特徴的に伴出する石器とされており、時期的な目安になる石器とも考えられている（江上1973）。

・北硫黄島の丸ノミ形石斧

　この3点の丸ノミ形石斧類は、石斧の表面に墨書された内容「石野平之丞献」から、明治29（1896）年に北硫黄島に初めて上陸し、明治32（1899）年から開拓を始めた村長の石野平之丞が保持していた石斧を献上したことは確かである。おそらく同島の開墾作業中に発見された、珍しい石器として所有していたのであろうか（小田1978, 1989）。

　丸ノミ形石斧（ゴージュ）の研究はLowensteinの研究が著名である（Lowenstein 1957）。博士の分析によればゴージュは地理的に広範囲に分布する石器であり、石斧の断面も長方形、屋根形、円筒形などの形態がある。そして、円筒形の断面をもつ石斧は、南太平洋に多く認められるが、上部ユーラシア地方にも分布しているものであるという。現在マリアナ諸島のラッテ期（紀元後800年以降）にもゴージュが発見されており、この北硫黄島の丸ノミ形石斧を介して、この両地域に先史時代に何らかの関連があったことの証明である（小田1989）。近年フィリピン諸島南部のスールー

3. 丸ノミ形石斧系

諸島バロボク洞穴から、約 5000 年前のゴージュが 1 点土器と共に出土している（安里・Ronquill・Santiago・田中 1993）。

・父島の片刃磨製石斧

　父島字西町の民家に伝世していた片刃磨製石斧は、聞き取り調査などから戦前に大村周辺で発見された可能性が大きい石斧である（小田 1989）。この石斧は身が円筒形で刃部の裏側がわずかにスプーン状に凹んでいる例で、北硫黄島の 2 点の丸ノミ形石斧と共通した形態を保持している。

　こうした円筒形で片刃の磨製石斧は、南側のマリアナ諸島のラッテ期に特徴的に出土しており、同じ系統の石斧の仲間と考えられる。そして、やや似た例であるが、小笠原の北側の南部伊豆諸島・八丈島に 1 点存在する。この石斧は孫兵衛発見のタガネ状の片刃磨製石斧であり、八丈島先史文化第三期（年代不明）に位置づけられている（小田 1999, 2005）。

図 50　父島・西町の丸ノミ形石斧
島民が所持し、タタキイシとして使用していた。

173

〔第8章〕小笠原の考古学資料群

4．沖村遺跡系

　沖村遺跡から発見された骨角器（擬餌針）と貝製品（タカラガイ製有孔貝器）はいつごろのものであろうか。擬餌針はウシなどの搬入家畜の角（ツノ）を利用したものとの鑑定があり、また糸括りの穴には鉄製金具のサビが付着していることから、近世以降の小笠原入植以降の遺物の可能性が大きいものである。

　タカラガイを利用した有孔製品は、オセアニアでタコ捕り用の擬餌針の部品に使用された例があるが穴は上下二つ存在している。本例は一穴であり別の漁撈具とすると、釣針用、漁網用のオモリ（錘）の可能性が考えられる。しかし、オモリであるならば、もう少し発見例が多くてもよさそうである（宮崎・永峯・小田編 1973、小田 1992）。

図51　骨角器（擬餌針）と貝製品（タカラガイ製有孔貝器）

174

4. 沖村遺跡系／5. 評議平系

5. 評議平系

　母島の評議平は沖村に隣接した緩やかな丘陵地帯であり、農業用地として早くから利用された土地である。昭和59・60（1984・85）年の国際基督教大学の分布調査で発見された素焼きの陶器は、近世末から始まった小笠原開拓による島民が使用した日常の陶磁器類とは異なった焼物であった（小日置・杉本・菅原1984）。
　種類は大型鉢、甕(かめ)類で、輪積み、無文、胴部に指頭痕が認められる。現在のところ列島内部の焼物類の中には、こうした種類の陶器類は存在しないことから、地元で焼かれたもの、南方からの渡来品などの可能性を調べることが必要である。
　時期的なことは不明であるが、とりあえず近世、近代開拓以前の中世期遺物として位置づけておきたい。

図52　母島・評議平の近代陶器
集落付近の崖面に露出していた。島民の生活品

175

〔第8章〕小笠原の考古学資料群

6．近代陶磁器系

・近代陶磁器

　小笠原諸島は開拓時代から、明治、大正、昭和前期まで、各島嶼(とうしょ)に多くの住民が生活していた。こうした島民が使用していた日常生活用具であった陶磁器類が旧集落跡に多数残されていた。これらの多くは「せともの」と総称された瀬戸、美濃産の陶磁器類であり、明治期の印判手(いんばんて)と呼ばれる焼き物も存在していた。

　その中にはイギリス製の外国陶磁器類も発見されており、捕鯨活動が活発であった時代に欧米人が寄港、移住した際に持ち込んだものであろう。小笠原が国際的な島であったことの証拠品の一つでもある（永峯・小田・早川 1992）。

図53　父島の近代陶磁器（➡ P.107 図25 参照）
　　　島民が戦前に使用していた瀬戸物類

6. 近代陶磁器系

・壺屋焼陶器

　沖縄県那覇市壺屋で焼かれた「壺屋焼」陶器が、父島、母島、北硫黄島などの旧集落跡、畑地に多数残されていた。地元で「カメ」「あわもりカメ」などと呼ばれていた大型甕で、戦後帰島した母島の古老の話で、八丈島からトウモロコシの保存、糖酎用のカメとして取り寄せたとされているが（ロース記念館開設準備会事務局 編 1987）、もう少し由来調査の必要がありそうである。

　この特徴的な陶器は本来「泡盛酒」が入っていた容器であるが、口が細く胴が張り、焼締という陶質が水ガメ、焼酎ガメ、茶ガメ、穀物保存などの二次的容器として多用された。そして、この泡盛カーミ（沖縄でこう呼ぶ）の分布を追跡していくと、広く伊豆諸島、小笠原諸島、さらに南のマリアナ諸島にも分布しており、沖縄県人の移住活動と何らかの関連がありそうである（小田 1997, 2008）。

図54　壺屋焼陶器（母島・ロース記念館、 ➡ P.140 図39 参照）
沖縄移住者たちが持ち込んだ「泡盛酒」の大カーミ、使用後は焼酎のカメとして利用

177

〔第8章〕小笠原の考古学資料群

　壺屋焼は 1682（第二尚氏貞王 14）年の第二尚氏後期・近世琉球期に琉球国に誕生した焼物である。陶器の種類として荒焼（焼締の無釉陶器）、上焼（釉薬の陶器）、赤物（素焼の陶器）の三種類が存在しており、最近都内の近世遺跡から徳利、甕、すり鉢などの荒焼陶器が出土している（小田 1996）。小笠原に存在する壺屋焼陶器は、この内の「荒焼大型カーミ」であるが、時期的には開拓時代の明治期以降の近代製品と考えられる。

　以上小笠原の考古学的資料を 6 つの系統に区分して眺めてみたが、今後は石器、土器を中心にした先史文化段階と陶磁器を中心にした文献登場段階に大きく分けて編年する必要がある（小田・水山 編 2002）。

ま　と　め

(1) 小笠原諸島は東京の南海上約 1,000 ～ 1,300km の北緯 24 度 14 分から同 27 度 45 分、東経 141 度 16 分から同 142 度 26 分にわたる 30 余の島々や岩礁である。大きく北側の聟島列島、父島列島、母島列島のグループと、南側の火山列島（北硫黄島、硫黄島、南硫黄島）のグループ、そして南鳥島、沖ノ鳥島、西之島の単独の島々に分けられる。小笠原は太平洋上の孤島群であることより、亜熱帯気候区であるが、熱帯的な生物環境を示している。

(2) 小笠原は伝承によると 1593（文禄 2）年の小笠原貞頼の発見とされるが、文献上確かな記録は 1670（寛文 10）年の紀州商人の漂流探検、1675（延宝 3）年の江戸幕府の巡検などが最初である。小笠原は江戸時代の文献や、同時代の欧米人の記録にみるかぎり先住民のいない無人島であった。最初の定住者は 1830（天保元）年にハワイから移住してきたアメリカ人、イギリス人、デンマーク人に率いられたポリネシア人、ミクロネシア人の約 20 人である。

(3) 江戸幕府は永い間忘れられていた小笠原に、すでに欧米人が生活している事実を知ると、これを日本の領土として確認させる作業を開始した。1861（文久元）年外国奉行水野忠徳を長とする 90 人の調査団を派遣し、欧米居住民と話し合いがもたれ幕府の経営にした。しかし、翌年移住した日本人島民も、国内の政情不安から約 10 ヵ月間で引揚げさせている。そして明治 9（1876）年、明治政府は在来の島民に加え、日本人移住者 30 数名を送り正式に日本領土とした。

(4) 大正 7（1920）年、北硫黄島から 3 本の磨製石斧が東京帝國大學にもたらされた。その中の 2 本は全面磨製の円筒形を呈した「丸ノミ形石斧」で、こうした型式の石斧は日本の縄文、弥生文化には認め

まとめ

られず、より南のマリアナ地域に分布する磨製石斧の仲間であった。

(5) 昭和 47 (1972) 年から 3 ヵ年、東京都教育庁文化課が組織した「東京都遺跡分布調査団」によって、小笠原諸島初の考古学的調査が実施された。この現地調査で父島に 1 ヵ所（大根山遺跡）、母島に 1 ヵ所（沖村遺跡）、考古学的遺物の散布地点が確認された。しかし、両地点とも残念ながら土器、陶磁器などの時代判定可能な遺物の発見はなかった。

(6) 昭和 58 (1983) 年父島字西町の民家の解体工事で、当家に伝世していた磨製石斧が確認された。この石斧は先代がこの父島で採集したもので、身が円筒形をした丸ノミ形石斧であった。やはり、こうした円筒石斧は列島内部の縄文、弥生遺跡には存在しない型式で、南のマリアナ諸島に類似例が多く存在していた。

(7) 平成元 (1989) 年から 3 ヵ年、東京都教育庁文化課が組織した「小笠原諸島他遺跡分布調査団」による調査は、試掘調査を含めた画期的なものであった。この調査の中心的課題は北硫黄島への渡島踏査で、以前発見されていた 3 本の磨製石斧の現地での追跡調査があった。幸運なことに最終年度 (1991 年) の再度の渡島踏査で、旧石野村の北側高台部で大規模な先史時代の遺跡「石野遺跡」が確認された。そして現地には、巨石に描かれた線刻画と各種の積石遺構、そして土器、石器、貝製品などの遺物が多数散布していた。

(8) 文献登場以前の小笠原諸島は、永い間「無人島（Bonin Islands ＝ボニン＝ブニン＝無人）」と考えられたが、ここでやっと確かな先史遺跡が確認された。この太平洋上の孤島に数千年という昔に、大洋航行によって石器時代人が渡島していたのである。そして東京都教育庁文化課は、平成 4 (1992) 年から 2 ヵ年の予定で「小笠原村北硫黄島石野遺跡他詳細分布調査団」を組織した。しかしこの期待された本格調査は、残念ながら初年度の現地調査で中断している。

（9）　小笠原諸島に残された考古学資料を総括すると、

① 先史時代の土器、石器、貝製品類
② 歴史時代の陶磁器、ガラス、金属製品類

の二つに大きく分類することができる。そして前者の資料は、列島内の縄文・弥生文化との関係より、オセアニア地域における先史モンゴロイドの拡散・移住行動に強く関連するものと考えられる。後者は列島内部や八丈島、沖縄地域から、戦前多くの農業・漁業移民が小笠原や内南洋（サイパン、テニアン、パラオ）に送り出され、こうした移住地に残された生活用具の一部であった。

（10）　小笠原諸島の考古学的資料を語るとき、今回は収録しなかったが「戦跡遺跡」「戦争遺物」を扱わなければならない。数次に亘る分布調査団が現地で確認した多くの戦争施設は、主を失ったままギンネム林に覆われ、それらの施設内外には当時の戦争機器、道具や生活用具が今でも散乱していた。近年、日本の考古学界にも「戦跡考古学」なる分野が確立し、沖縄県では真剣に取り組む考古学体制が誕生しつつある。沖縄と同じ戦後処理経験をもつ小笠原の歴史にとって、こうした方面への考古学的調査が必要であり、また急を要する重要なテーマと考えられよう。

まとめ

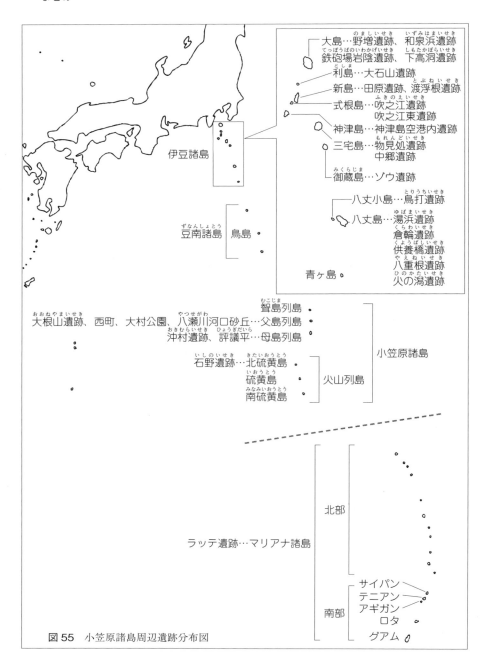

図55　小笠原諸島周辺遺跡分布図

資　料　集

資料1　伊豆諸島と八丈島の先史文化の編年的位置関係

本州島編年・年代			北部伊豆諸島							南部伊豆諸島				八丈島の考古年表		マリアナ編年
年代			大島	利島	新島	式根島	神津島	三宅島	御蔵島	八丈島	八丈小島	青ヶ島	鳥島	年表・編年	事項（遺跡・遺物）	
33000	旧石器時代	ナイフ形石器					△黒							先史時代・先史文化	この頃・東山火山形成　AT火山灰降灰	先ラッテ期
22000							△曜									
12000		細石器					△石									
							△採									
10000	縄文時代	草創期					△取								この頃・西山火山形成	
7000							△ △									
		早期					△									
			○				○	○						一期	K-Ah火山灰降灰　降灰　湯浜遺跡	
4500			○	○	○	○	○	○	○							
		前期	○	○	○	○	○	○	○					二期	樫立向里石斧　倉輪遺跡　樫立石斧	
3000										○						
2000		中	○	○	○	○	○	○	○	○						
1000		後	○	○	○	○	○	○	○					三期	供養橋石斧　孫子兵衛石斧	
300		晩	○				△	○								
B.C. 0 A.D.	弥生時代	前	○				△			□						
		中														
300		後	○				△			○				四期	八重根遺跡（1）	
710	古墳		○	○	○	○	○	△							八重根遺跡（2）	
794	奈良		○	○	○	○	○	△							八重根遺跡（3）	
1192	平安		○	○	○	○	○	○	○	○	○			歴史時代	火の潟遺跡　古瀬戸四耳壺　いずみ渥美陶器	ラッテ期
1603	中世		○	○	○	○	○	○	○	○	○					
1868	近世		○	○	○	○	○	○	○	○	○	○			宇津木遺跡　鳥打遺跡　壺屋徳利	
	近代		○	○	○	○	○	○	○	○	○	○	○		壺屋カーミ	

（○：遺跡、△：遺物、□：マリアナ先史文化）

183

資 料 集

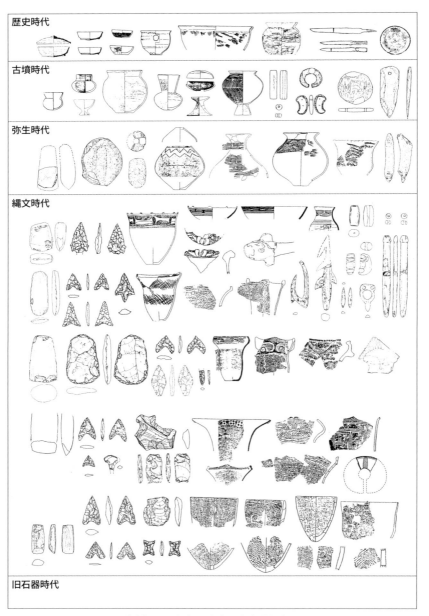

資料2　北部伊豆諸島の考古学編年図

184

資料集

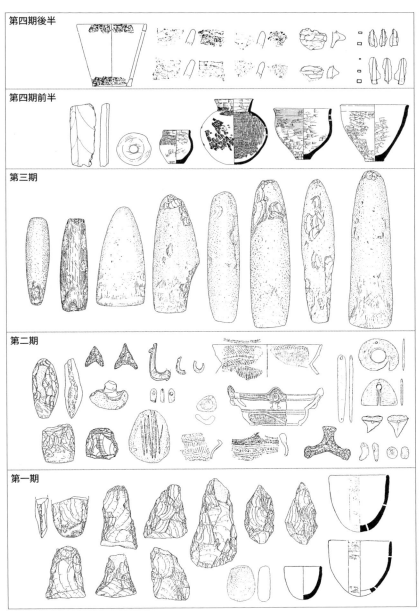

資料3　南部伊豆諸島の考古学編年図

185

資料集

時　代	伊　豆　諸　島		小　笠　原　諸　島		マ　リ　ア　ナ　諸　島		時　代
	北部伊豆諸島	南部伊豆諸島	父・母列島	火山列島	北マリアナ諸島	南マリアナ諸島	
1868　（明治）			正式に日本領宣言		（ス　ペ　イ　ン　領）		植民時代
1876							
1878	東京府移管	東京府移管					
1880			東京府移管				
1891				日本領となる			
1894　日清戦争（　〜1895）							
1898				南鳥島日本領		アメリカグァム占領	1898
1901	鳥居龍蔵発掘（大島タツノクチ）				（ド　イ　ツ　領）		1899
1904　日露戦争（　〜1905）					ドイツ人フリッツ考古学・民族学調査		1904
1912　（大正）							
1914　第一次世界大戦（　〜1918）					（日　本　占　領）（南　洋　委　任　統　治）		
1920				中井猛之進、磨製石斧授受（北硫黄島）			
					南洋庁設置 ホーンボステル遺物収集（グァム）		1922　〜25
1926　（昭和1）					長谷部言人調査（サイパン・ティニアン）		1927
1930			八幡一郎父島寄港（漁具調査）				
1931				沖の鳥島日本領	八幡一郎調査		1940
1941　太平洋戦争（　〜1945）							
1944			（全　島　民　強　制　引　揚）				
1945　終戦					（日　本　人　引　揚　開　始）		
1946			欧米系住民帰島（アメリカ軍政府下になる）				
						スボアー発掘（サイパン他）	1949
1956　〜58　1964	伊豆諸島文化財総合調査・湯浜遺跡発掘（八丈島）						
						ラインマン発掘（グァム）	1965
1968			（日　本　へ　返　還　さ　る）		江上幹幸発掘（パガン）	高山　純発掘（ロタ）	1970・71
1972・73	東京都遺跡分布調査会（初めての小笠原調査・大根山、沖村遺跡発見）						1972
1979　〜81	東京都島嶼地域遺跡分布調査団						
1984・85		国際基督教大学考古学調査団				倉品博昜発掘（グァム）	1980
1989　（平成）		小笠原諸島他遺跡分布調査会					
〜91			石野遺跡発見			バトラー発掘（アギハン）	1990
1993			小笠原諸島遺跡調査団（石野遺跡発掘調査）			バトラー発掘（サイパン）	1993

資料4　伊豆諸島、小笠原諸島、マリアナ諸島の考古学調査年表

資料集

時　代	伊豆諸島		小笠原諸島		マリアナ諸島		時　代
	北部伊豆諸島	南部伊豆諸島	父・母列島	火山列島	北部マリアナ	南部マリアナ	
					(先住民のチャモロ人生活)		ラッテ時代
						マゼラン、グァム・ロタ発見	1521
					ゴメス、アラマ	スペイン、マリアナ領有宣言	1522
				ヴィラロボス、火山列島発見	ガンに来航		1543
						レガスピ、サイパンに来航	1563
					スペイン、マリアナ領有宣言		1565
1593			小笠原貞頼が発見と伝聞さる			スペイン、ガレオン船貿易開始	植民時代
1603（江戸）	伊豆韮山代官管下	奉行設置代官御領地					
1606		流罪人初着島					
1670	流罪人（新島、神津島、三宅島）		小笠原が載った最初の文献（欧米人・カナカ人）	ガレオン船火山列島望見（1706, 1717, 1729）	マリアナ全島民グァムに集結以後他の島は無人島になる（〜0000）		1698
1830			最初の移住者20数名		フランス探検隊来航		1819
1853		島焼酎伝来			日本人漂着11人		1834
1862		小笠原開拓へ	幕府開拓団渡島		日本人農業移民（42人グァム）		1868
1868（明治）							
1876			正式に日本領になる				
1878	東京府移管	東京府移管	父島移住（八丈島民）				
1880			東京府移管・母島移住				
1886		鳥島へ移住団					
1887			汽船就航（八丈島経由）	田中栄二郎上陸（1889 北硫黄島）			
1894	日清戦争（　〜1895）			石野平之丞上陸（1896 北硫黄島）	アメリカグァム占領		1898
1899					（ド　イ　ツ　領）		1899
1904	日露戦争（　〜1905）			石野村小学校開設1904			
1908			糸満遠洋漁業基地				
1912（大正）							
1914	第一次世界大戦（　〜1918）				（日　本　占　領）		
1916		糸満系漁業視察			沖縄県人移住開始		1915
1917		糸満系漁民来島（三宅島）			八丈島民初移住		1917
1920		糸満系漁民定住（三宅島）			（南　洋　委　任　統　治）		1920
1922							
1926（昭和）					南洋庁設置		
1936		糸満系漁民活動（八丈島）					
1937							
1939			沖縄県人大量移住				
1941	太平洋戦争（　〜1945）						
1944			（全島民強制引揚）				
1945					（日　本　人　引　揚　開　始）		
1946	糸満系漁民定住（大島・新島）		欧米系住民帰島（アメリカ軍政府下になる）		南洋群島は国際連合の太平洋諸島信託統治領としてアメリカの支配下におかれる		1947
1968			（日本へ返還さる）		マリアナ諸島民はアメリカの自治領となることを選択		1975
					北アリアナ諸島コモンウェルス（自治領）成立する		1977
					北マリアナ諸島コモンウェルスの信託統治が正式終了する		1986
1989（平成）							
1998			（日本返還30周年）				

資料5　伊豆諸島、小笠原諸島、マリアナ諸島の近代開拓、歴史年表

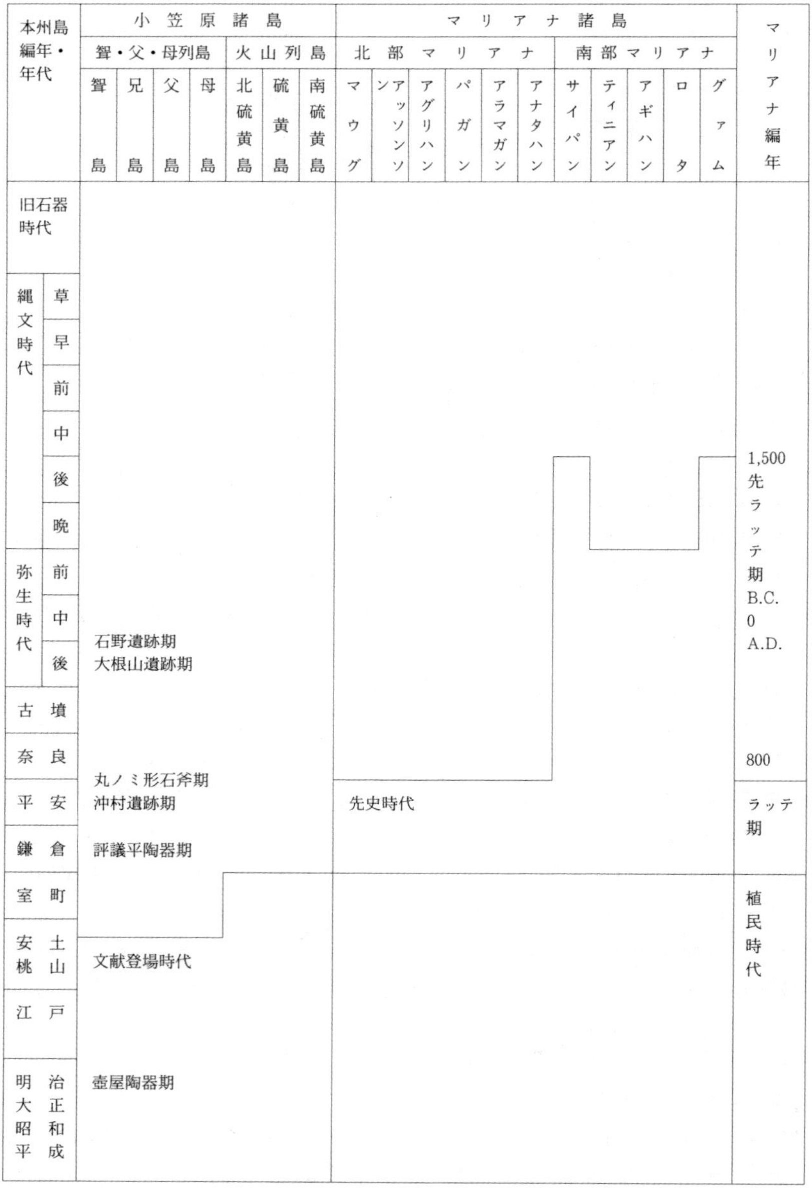
本州島編年・年代
小笠原諸島
聟・父・母列島
火山列島
聟島
兄島
父島
母島
北硫黄島
硫黄島
南硫黄島
マリアナ諸島
北部マリアナ
南部マリアナ
マウグ
アッソンソン
アグリハン
パガン
アラマガン
アナタハン
サイパン
ティニアン
アギハン
ロタ
グァム
マリアナ編年
旧石器時代
縄文時代
草
早
前
中
後
晩
弥生時代
前
中
後
古墳
奈良
平安
鎌倉
室町
安土桃山
江戸
明治大正昭和平成
石野遺跡期
大根山遺跡期
丸ノミ形石斧期
沖村遺跡期
評議平陶器期
文献登場時代
壺屋陶器期
先史時代
1,500
先ラッテ期
B.C.
0
A.D.
800
ラッテ期
植民時代

資料６　小笠原諸島とマリアナ諸島の先史文化の編年的位置関係

資 料 集

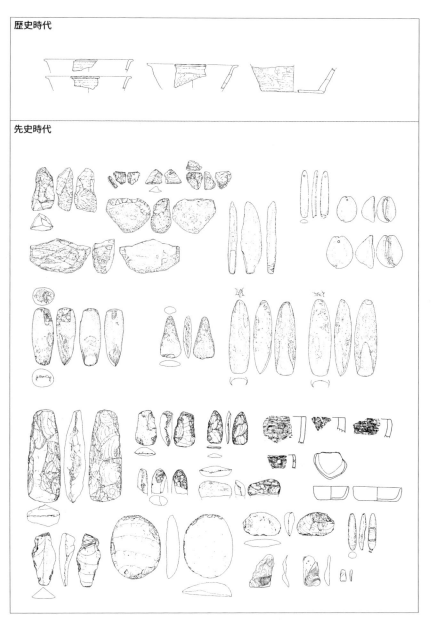

資料7　小笠原諸島の考古学編年図

資　料　集

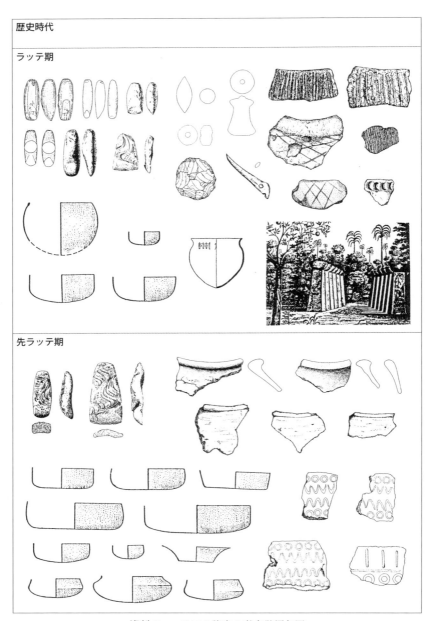

資料８　マリアナ諸島の考古学編年図

資料集

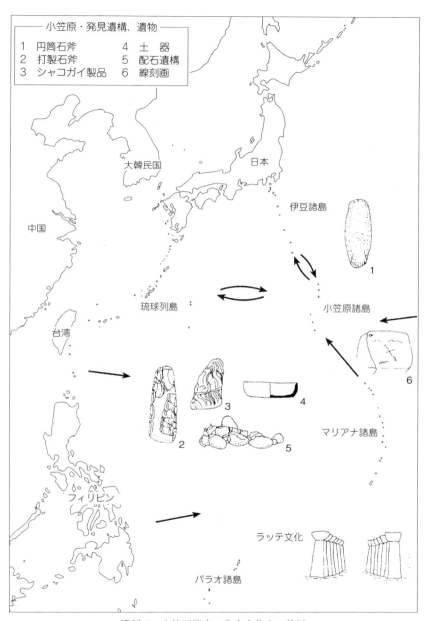

資料9　小笠原諸島・先史文化人の故郷

資料集

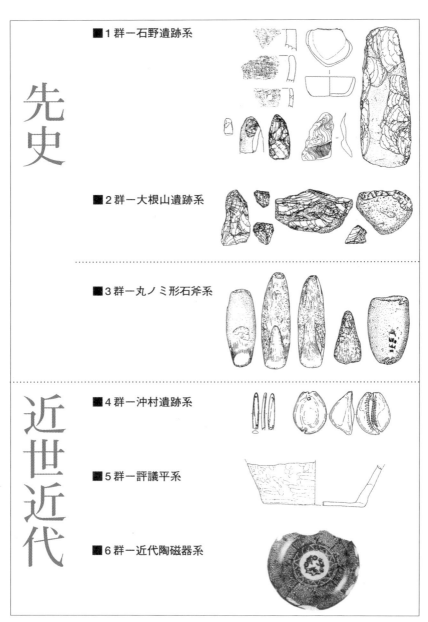

資料10　小笠原諸島発見の考古学的資料群

資料集における先史文化の編年表（伊豆・小笠原諸島／マリアナほか／琉球／台湾／フィリピン）

年代	本州島編年	北部伊豆諸島	南部伊豆諸島	父島列島	母島列島	火山列島	北部マリアナ	南部マリアナ	ヤップ島	パラオ島	北琉球地域	南琉球地域	南・北大東島	東海岸地区	西海岸地区	バタン諸島	フィリピン北部	フィリピン南部	地質・氷期区分
33000	旧石器時代　ナイフ形石器文化	黒曜石採取・神津島									旧石器時代			先陶時代			旧石器時代		更新世・最終氷期
22000														（長濱文化古期）			磨製石斧（礫斧）		
12000	細石器文化	細石器文化																	
10000	縄文時代　草創期																		完新世・後氷期
8000	早期		八丈島先史文化　一期																
4500	早期		一期								貝塚時代前期			磨製石斧（扁平斧）土器文化			磨製石斧（扁平斧）土器文化		
3000	中期		二期									新石器時代前期		新石器文化（長濱文化新期）			磨製石斧（円筒斧）		
2000	後期																磨製石斧（丸ノミ）		
1000	晩期		三期					マリアナ先史文化　先ラッテ期									磨製石斧（方角斧）鉄器文化		
BC 300	弥生時代		四期								貝塚時代前期								BC 0 AD
0／AD 300	古墳時代		四期	先史時代（石野遺跡）							後期	後期	先史文化	鉄器文化					
710	奈良・平安																		
794				（丸ノミ形石斧）															
1192	鎌倉時代							ラッテ期			グスク時代								
1338	室町時代							植民時代											
1590	安土・桃山時代			文献登場時代															
1603	江戸時代										琉球王国								

資料11　黒潮圏における先史文化の編年的位置関係

資 料 集

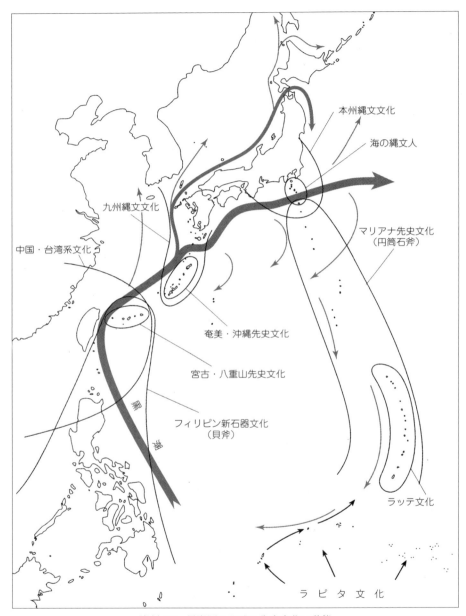

資料12 黒潮圏における先史文化の動態

引用参考文献

安間繁樹
2001『琉球列島−生物の多様性と列島のおいたち−』195p, 東海大学出版会（平塚）.

青木 豊・内川隆志・粕谷 崇 編
1991『火の渇遺跡』23p, 東京都八丈町教育委員会（八丈）.
1994『東京都八丈町島打遺跡・宇津木遺跡調査報告書―八丈小島に所在する近世祭祀遺跡の調査―』141p, 八丈町教育委員会・海洋信仰考古学研究会（八丈）.

Asakura, A. and T, Furuki eds,
1994『Biological Expedition to the Nothern Mariana Islands, Micronesia』Natural History Reserch Spesical Issue, No.1, Natural History Museamand Institute, Chiba. 344p（千葉）.

安里嗣淳
1978「マリアナ諸島遺跡探訪記−グァム、ティニアン、サイパン」南島考古 6, pp47-54, 沖縄考古学会（那覇）.
1985「沖縄のシャコ貝製斧概観」琉大史学 14, pp87-100, 琉球大学史学会（那覇）.
1987「沖縄・先島の考古学」考古学ジャーナル 284, pp14-17, ニューサイエンス社（東京）.
1989「南琉球先史文化圏における無土器新石器の位置」pp655-674, 第二回琉中歴史関係国際学術会議報告『琉中歴史関係論文集』700p, 琉中歴史関係国際学術会議実行委員会（那覇）.
1990『The Urasoko Site』40p, The Gusukube Town Board of Education, Okinawa（城辺）.
1991「南琉球の古代」pp520-530『新版古代の日本 3 九州・沖縄』606p, 角川書店.
1992「琉球諸島の先史遺跡と小笠原」pp59-64『小笠原諸島他遺跡分布調査報告書』126p, 東京都教育委員会（東京）.
1993「フィリピンにもあった有孔ホラガイと懸垂スイジガイ習俗」南島考古だより 47, 3p, 沖縄考古学会（那覇）.
1994「シャコガイ製貝斧文化の発生と展開」pp138-160『沖縄文化の源流を探る』629p, 復帰 20 周年記念沖縄研究国際シンポジウム実行委員会（那覇）.
2000「貝斧からみた海上の道」pp73-75, 文部省科学研究費補助金特定領域研究「日本および日本文化の起源に関する学際的研究」『公開シンポジウム 海上の道再考−人類と文化の潮流− 予稿集』76p（宜野湾）.
2011『先史時代の沖縄』344p, 南島文化叢書 25, 第一書房（東京）.
2012『沖縄考古学史探訪』330p, 沖縄サンゴ礁文化研究所（沖縄）.
2003「沖縄諸島の先史・原史時代 旧石器時代」pp79-96『沖縄県史 各論編 1 考古』662p, 沖縄県教育委員会（沖縄）.
2011『先史時代の沖縄』344p, 南島文化叢書 25, 第一書房（東京）.
2012『沖縄考古学史探訪』330p, 沖縄サンゴ礁文化研究所（沖縄）.

安里嗣淳・岸本義彦 編
2001『ビジュアル版沖縄県史② 貝の道−先史琉球列島の貝交易−』66p, 沖縄県教育委員会（那覇）.

安里嗣淳・小田静夫・神谷厚昭・当山昌直 編
1998『ビジュアル版沖縄県史① 港川人と旧石器時代の沖縄』55p, 沖縄県教育委員会（那覇）.

安里嗣淳・Ronquill, W.P.・Ray, A.Santiago・田中和彦
1993「バロボク岩陰遺跡発掘調査概報」史料編集室紀要 18, pp162-178, 沖縄県図書館史料編集室（那覇）.

Beyer, H. O
1948 Philippine and East Asian Archaeology and Relation to the Origi of the Pacific Islands Population, National Research Council of the Philippnes, Bulletin29,（Philippines）.

Butler, B. M
1988『Archaeological Investigations on the North Coast of Rota, Mariana Islands』Micronesian Archaeological Survey Report 23, Illinois 496p, Southern Illinois at Carbondale Center for Archaeological Investingations Occasional Paper No.8.
1992『An Archaeological Surver of Aguiguan (Aguijan), Northern Mariana Lslands』Micronesian Archaeological Survey Report 29, Saipan, MP96950, 260p, Division of Community and Cultural Affairs,（Saipan）.
1994 Early Prehistoric Settlement in the Mariana Islands: New Evidence from Saipan,Man and Culture in Oceania 10, pp15-38,（Koube）.

段木一行
1976『離島 伊豆諸島の歴史−風土 伝説 生活−』320p, 武蔵野郷土史刊行会（東京）.

ダニエル・ロング 編
2002『小笠原学ことはじめ−小笠原シリーズ 1 −』334p, 南方新社（鹿児島）.

Duff, R.
1970『Stone adzes of Southeast Asia』156p, Canterbury Museum, Bulletin3,（Christchurch）.

江上幹幸
1973「サイパン島の石製工具について」物質文化 22, pp27-36, 物質文化研究会（東京）.

Egami, T. and F. Saito
1973 Archaeological excavation on Pagan in the Mariana Islands, The Journal of the Anthropological Society of Nippon 81, pp203-217,（東京）.

Fritz, G.
1904 Die Chamoro, Eine Geschite und Ethnographie der Marianen, Ethnolgiches Notizblatt 3（3）, pp25-110,（Berlin）.
1986『The Chamoro − A History and Ethnography of the Marianas − 』59p, Scott, R. R. edited, Division of Historic Preservation,（Saipan）.

福田健司
1985「八丈島出土の渥美の壺について」学芸研究紀要 2, pp73-77, 東京都教育委員会（東京）.
1989「八丈島・三宅島出土の壺」学芸研究紀要 6, pp31-37, 東京都教育委員会（東京）.

後藤守一・芹沢長介・大塚初重・金子浩昌・麻生優・梅沢重昭
1958「三宅・御蔵両島に於ける考古学的研究」pp39-92『伊豆諸島文化財総合調査報告第 1 分冊』328p, 東京都文化財調査報告 6, 東京都教育委員会（東京）.

後藤守一・大塚初重・麻生 優・戸沢充則・金子浩昌
1959「北伊豆五島における考古学的調査」pp543-617『伊豆諸島文化財総合調査報告第 2 分冊』535p, 東京都文化財調査報告 7, 東京都教育委員会（東京）.

引用参考文献

長谷部言人
　1928「サイパン、ティニアン両島の遺物及び遺跡」
　　　人類学雑誌 43-6, pp243-274, 日本人類学会
　　　（東京）.
　1932『過去の我南洋』231p, 岡書院（東京）.
橋口尚武
　1985「伊豆諸島の考古学・民俗学的研究」pp637-
　　　681『日本史の黎明－八幡一郎先生頌寿記念
　　　考古学論集』780p, 六興出版（東京）.
　1988『島の考古学』136p, UP 考古学選書 {3}, 東
　　　京大学出版会（東京）.
　1991「列島の古代文化と伊豆諸島」pp72-73『海
　　　と列島文化 7』633p, 小学館（東京）.
　1993「伊豆諸島の考古学的研究－その研究史と展
　　　望－」考古学ジャーナル 367, pp2-5, ニュー
　　　サイエンス社（東京）.
橋口尚武 編
　1975『三宅島の埋蔵文化財』305p, 三宅村教育委
　　　員会（三宅）.
橋本真紀夫・北脇達也
　2005「石野遺跡の放射性炭素年代測定」pp68-69『小
　　　笠原村北硫黄島石野遺跡』77p, 東京都埋蔵文
　　　化財調査報告 21, 東京都教育委員会（東京）.
早川 泉
　2005「調査の成果」pp70-74『小笠原村北硫黄島
　　　石野遺跡』77p, 東京都埋蔵文化財調査報告
　　　21, 東京都教育委員会（東京）.
早川 泉・小林重義
　1992「北硫黄島石野遺跡踏査報告」pp30-48『小
　　　笠原諸島他遺跡分布調査報告書』126p, 東京
　　　都教育委員会（東京）.
平凡社地方資料センター 編
　2002『日本歴史地名大系 48 沖縄の地名』837p, 平
　　　凡社（東京）.
Heine-Geldern, R.
　1932　Urheimat und fruhcste Wanderungen der
　　　Austronesicr, Anthropos27,pp543 -619(Swiss).
池田栄史
　2000「類須恵器からみた琉球・九州・高麗」pp23-
　　　26, 文部省科学研究費補助金特定領域研究
　　　「日本人および日本文化の起源に関する学際
　　　的研究」『公開シンポジウム 海上の道再考－
　　　人類と文化の潮流－予稿集』76p（宜野湾）.
印東道子
　1981「オセアニアの貝製品」pp103-159『名蔵貝
　　　塚群発掘調査報告』159p, 沖縄県教育委員会
　　　（那覇）.
　1989「ラピタ文化とモンゴロイド」季刊モンゴロイ
　　　ド 2, pp21-22, 文部省科学研究費補助金
　　　「重点領域研究」「先史モンゴロイド集団の拡
　　　散と適応戦略」事務局（東京）.
　1992a「オセアニアへの人類集団の拡散と適応－2
　　　つの流れ－」季刊モンゴロイド 13, pp27-33,
　　　文部省科学研究費補助金「重点領域研究」「先
　　　史モンゴロイド集団の拡散と適応戦略」事務
　　　局（東京）.
　1992b「先史マリアナ諸島における稲作問題再考」
　　　北海道東海大学紀要, 人文科学系 4, pp41-
　　　52, 北海道東海大学（札幌）.
　1992c「マリアナ考古学から見た小笠原－遺跡立地
　　　を中心に－」pp49-58『小笠原諸島他遺跡分布
　　　調査報告書』126p, 東京都教育委員会(東京).
　1995「オセアニアへ乗り出す」朝日選書 523,
　　　pp111-136, 朝日新聞社（東京）.

石井通則
　1967『小笠原諸島概史（その1）－日米交渉を中
　　　心として－』276p, 南方同胞援護会（東京）.
　1968『小笠原諸島概史（その2）－日米交渉を中
　　　心として－』250p, 南方同胞援護会（東京）.
伊豆諸島東京都移管百年史編さん委員会 編
　1981『伊豆諸島東京移管百年史 上巻』1325p, 東
　　　京都島嶼町村会（東京）.
伊豆諸島・小笠原諸島民俗誌編纂委員会 編
　1993『伊豆諸島・小笠原諸島民俗誌』1178p, 東京
　　　都島嶼町村一部事務組合（東京）.
上條朝宏
　2005「石野遺跡出土土器の顔料と胎土分析」
　　　pp64-67『小笠原村北硫黄島石野遺跡』77p,
　　　東京都埋蔵文化財調査報告 21, 東京都教育
　　　委員会.
鹿野忠雄
　1946『東南亜細亜民族学先史学研究』424p, 矢島
　　　書房（東京）.
海部陽介
　2005『人類がたどってきた道－文化の多様化の起
　　　源を探る－』332p, NHK ブックス 1028, 日
　　　本放送出版協会（東京）.
上村俊雄
　1999「南の海の路と交流」pp301-316『海を渡っ
　　　た縄文人』349p, 小学館（東京）.
　2004a「南西諸島の旧石器文化」地域総合研究 32,
　　　pp27-49, 鹿児島国際大学（鹿児島）.
　2004b「沖縄の先史・古代－交流・交易－」pp1-
　　　72『沖縄対外文化交流史－考古学・歴史学・
　　　民俗学・人類学の視点から－』327p, 日本経
　　　済評論社（東京）.
片山一道
　1992「オセアニアに乗り出したモンゴロイド」科
　　　学 62, pp199-204,（東京）.
木下尚子
　1989「南海産貝輪交易考」pp203-249『生産と流
　　　通の考古学』563p, 横山浩一先生退官記念論
　　　文集 I（福岡）.
　1996「南島貝文化の研究－貝の道の考古学－」
　　　576p, 法政大学出版局（東京）.
　2000「開元通宝と夜光貝」pp187-210『琉球・東
　　　アジアの人と文化 高宮廣衞先生古稀記念論
　　　集集 上巻』435p, 高宮廣衞先生古稀記念論
　　　集刊行会（宜野湾）.
　2002『先史琉球の生業と交易－奄美・沖縄の発掘調
　　　査から－』204p, 熊本大学文学部木下研究室.
金武正紀
　2003a「沖縄諸島の先史・歴（原）史時代 先島
　　　の先史時代（新里期、中森期、パナリ期）」
　　　pp381-400『沖縄県史 各論編 1 考古』662p,
　　　沖縄県教育委員会（那覇）.
岸本義彦
　1984「石器」pp73-124『野国－野国貝塚群B地点
　　　発掘調査報告書－』278p, 沖縄県教育委員会
　　　（那覇）.
　1992「宮古・八重山の石斧と貝斧」pp65-72『小
　　　笠原諸島他遺跡分布調査報告書』126p, 東京
　　　都教育委員会（東京）.
木崎甲子郎・大城逸朗
　1980「琉球列島のおいたち」pp8-37『琉球の自然史』
　　　282p, 築地書館（東京）.
小林重義・芹沢廣衛 編
　2005『小笠原村 北硫黄島石野遺跡』77p, 東京都

埋蔵文化財調査報告 21, 東京都教育委員会 (東京).

小池一之・加藤 茂・遠藤邦彦・今泉俊文・小坂丈子・菅 香世子
2000 「伊豆諸島と小笠原諸島」pp259-302 『日本の地形 4 関東・伊豆小笠原』349p, 東京大学出版会 (東京).

小林達雄・青木 豊・川崎義雄・内川隆志・粕谷 崇
1994 『倉輪遺跡 − 第 8 次・第 9 次発掘調査報告書 − 』53p, 東京都八丈町教育委員会 (八丈).

小日置晴展・杉本正文・菅原 道
1984 「小笠原諸島、父島、母島の考古学的調査」考古学ジャーナル 227, pp27-29, ニュー・サイエンス社 (東京).

国分直一
1972 『南島先史時代の研究』478p, 慶友社 (東京).
1976 「南島考古学の諸問題」pp360-390 『環シナ海民族文化考』566p, 慶友社 (東京).

小林重義・芹澤廣衛 編
2005 『小笠原村北硫黄島石野遺跡』77p, 東京都埋蔵文化財調査報告 21, 東京都教育委員会.

甲野 勇
1942 「北硫黄島発見の圓鑿型石斧」人類学雑誌 57-7, pp273-277 (東京).

Kurashina, H., D. More, O. Kataoka, R. Clayshulte, and E, Ray
1981 Prehistoric and Protohistoric Cultural Occurrences at Tarague, Guam, Asian Perspectives XXIV(1), pp57-68,(Honolulu).

倉田洋二 編
1983 『写眞帳 小笠原 発見から戦前まで』272p, アボック社 (鎌倉).

黒住耐二
1994 「オオツタノハの供給地」南島考古 14, pp57-64, 沖縄県考古学会 (那覇).

Lowenstein, P. J
1957 Neolithic Stone Gouges from the Malay Archipelago and Their Prototypes, Anthropos52, pp841-849, (Wien).

町田 洋・太田陽子・大村明雄・河名俊男
2001 「南西諸島の地形発達史」pp301-311 『日本の地形 7 九州・南西諸島』355p, 東京大学出版会 (東京).

三島 掇
1975 『貝をめぐる考古学』222p, 学生社 (東京).

三宅島ココマ遺跡学術調査団 編
2009 『東京都三宅島ココマ遺跡発掘調査報告書』97p, 島の考古学研究会調査研究報告書 1, 三宅島ココマ遺跡学術調査団 (東京).

宮崎 博・永峯光一・小田静夫 編
1973 「東京都島嶼部における遺跡調査」文化財の保護 5, pp66-146, 東京都教育委員会 (東京).

盛園尚孝・橋口達也・中橋孝博
1996 『種子島鳥ノ峯遺跡』95p, 中種子町埋蔵文化財調査報告書 (2), 中種子町教育委員会 (種子島).

文部省・文化庁 編
1980 『小笠原の自然 − 小笠原諸島の学術・天然記念物調査報告書 − 』234p, 文部省大学学術局・文化庁文化財保護部 (東京).

永井昌文
1968 「南島覆石墓のサンゴ石」pp269-278 『日本民族と南方文化』969p, 金関丈夫博士古稀記

念委員会 編, 平凡社 (東京).

永峯光一・宮崎 博・小田静夫 編
1973 「小笠原諸島の遺跡分布調査」考古学ジャーナル 77, pp12-15, ニュー・サイエンス社 (東京).

永峯光一・小田静夫・宮崎 博 編
1976 『八丈島の石器時代遺跡』52p, 東京都埋蔵文化財調査報告 4 (東京).

永峯光一・芹沢廣衛・小林重義・一色直記・葛西重雄・鈴木正男
1984 『八丈島湯浜遺跡』82p, 東京都埋蔵文化財調査報告 11 (東京).

永峯光一・川崎義雄 編
1986 『八丈島倉輪遺跡』55p, 東京都埋蔵文化財調査報告 13 (東京).

永峯光一・小林達雄・川崎義雄 編
1987 『八丈島倉輪遺跡』128p, 東京都八丈町教育委員会 (八丈).

永峯光一・小日置晴展・園村雑便 編
1990 『小笠原諸島他遺跡分布調査 − 平成元年度調査概報 − 』32p, 小笠原諸島他遺跡分布調査会 (東京).

永峯光一・品田圭二・堀苑孝志 編
1991 『小笠原諸島他遺跡分布調査 − 平成 2 年度調査概報 − 』36p, 小笠原諸島他遺跡分布調査会 (東京).

永峯光一・小田静夫・早川 泉 編
1992 『小笠原諸島他遺跡分布調査報告書』126p, 東京都教育委員会 (東京).

永峯光一・川崎義雄・山村貴輝 ほか
1986 『八重根』454p, 東京都港湾局・八丈島八重根遺跡調査会 (八丈).

中園 聡
2004 「東アジア的視座に立った弥生時代の再構築 − 九州・南西諸島・朝鮮半島・中国 − 」pp73-121 『沖縄対外文化交流史 − 考古学・歴史学・民俗学・人類学の視点から − 』327p, 日本経済評論社 (東京).

新田重清
2003 「沖縄諸島の先史・原史時代 弥生〜平安並行時代」pp183-252 『沖縄県史 各論編 1 考古』662p, 沖縄県教育委員会 (沖縄).

沼澤成視
2001 「縄文時代におけるオオツタノハガイ製貝輪の製作と加工法 − 伊豆大島下高洞遺跡 D 地点検出資料からの検討 − 」日本考古学 12, pp21-34, 日本考古学協会 (東京).
2009 「もう一つの「貝の道」」動物考古学 26, pp21-60, 動物考古学研究会 (佐倉).

沼澤成視・戸谷敦司
2001 「縄文時代におけるオオツタノハガイ製貝輪研究の新視点 − 東京都八丈島・八丈小島および鹿児島県上屋久町口永良部島採集の現生オオツタノハガイの分析を中心にして − 」動物考古学 16, pp27-60, 動物考古学研究会 (佐倉).

小田静夫
1977 「黒潮圏の石斧 − 八丈島の磨製石斧 − 」季刊どるめん 12, pp114-126, JICC 出版 (東京).
1978 「北硫黄島の磨製石斧」文化財の保護 10, pp102-107, 東京都教育委員会 (東京).
1981a Stone Azdes of the Black Current Region − Polished Stone Adzes of Hachijo Island − , Asian Perspectives XXIV(1), pp97-110, (Hawaii).

引用参考文献

1981b　The Archaeology of Ogasawara Islands, Asian Perspectives XXIV（1）, pp112-138,（Hawaii）.

1982　「小笠原諸島の考古学」文化財の保護 14, pp97-122, 東京都教育委員会（東京）.

1987　Archeology in the Bonin Islands,『The International Congress Development and Isolation in the Pacific』pp28-33, Indo-Pacific Prehistory Association, The Japanese Society for Oceanic Studies National Museum of Ethnology,（大阪−東京）.

1988　「八丈島の磨製石斧はどこからきたか（1）」学芸研究紀要 5, pp69-98, 東京都教育委員会（東京）.

1989　「歴史時代にタタキイシに転用されていた先史時代の磨製石斧について」学芸研究紀要 6,pp1-29, 東京都教育委員会（東京）.

1990a　A Review Archaeolorical Reserch in the Izu and Ogasawara Islands, Man and Culture in Oceania 6, pp53-79,（神戸）.

1990b　「八丈島の磨製石斧はどこからきたか（2）−八丈島・湯浜遺跡−」学芸研究紀要 7, pp69-98, 東京都教育委員会（東京）.

1991a　「八丈島の磨製石斧はどこからきたか（3）−八丈島・倉輪遺跡−」学芸研究紀要 8, pp39-84, 東京都教育委員会（東京）.

1992a　「黒潮圏の先史文化」第四紀研究 31-5, pp409-420, 日本第四紀学会（東京）.

1992b　「八丈島の磨製石斧はどこからきたか（4）」学芸研究紀要 9, pp21-54, 東京都教育委員会（東京）.

1992c　「小笠原諸島の石斧はどこからきたか」pp92-110『小笠原諸島他遺跡分布調査報告書』126p, 東京都教育委員会（東京）.

1993　「八丈島の磨製石斧はどこからきたか（5）−マリアナ諸島北部の先史遺跡（上）−」学芸研究紀要 10, pp53-74, 東京都教育委員会（東京）.

1994　「黒潮圏の丸ノミ形石斧−拵ノ原遺跡の丸ノミ状石斧をめぐって−」南九州縄文通信 8, pp46-52, 南九州縄文研究会（鹿児島）.

1995　「八丈島の磨製石斧はどこからきたか（6）−マリアナ諸島北部の先史遺跡（下）−」学芸研究紀要 11, pp1-22, 東京都教育委員会（東京）.

1996a　「八丈島の磨製石斧はどこからきたか（7）−黒潮圏の先史文化−」学芸研究紀要 12, pp1-49, 東京都教育委員会（東京）.

1996b　「東京都汐留遺跡出土の壺屋焼陶器について」pp299-320『汐留遺跡 3分冊』464p, 汐留地区遺跡調査会（東京）.

1997a　「沖縄県国頭村出土の丸ノミ形石斧二例」南島考古 16, pp3-26, 沖縄考古学会（沖縄）.

1997b　「東京都八丈島の壺屋焼（沖縄産）陶器−「八丈島歴史民俗資料館」資料をめぐって−」学芸研究紀要 13, pp1-76, 東京都教育委員会（東京）.

1997c　「伊豆諸島・神津島の黒曜石」pp89-90『堅田直先生古希記念論文集』1054p, 堅田直先生古希記念論文集刊行会（奈良）.

1998　「考古学からみた小笠原の歴史」学芸研究紀要 14,pp1-82, 東京都教育委員会（東京）.

1999a　「考古学からみた八丈島の歴史」学芸研究紀要 15,pp1-110, 東京都教育委員会（東京）.

1999b　「琉球列島旧石器文化の枠組みについて」人類史研究 11, pp29-46, 人類史研究会（鹿児島）.

2000a　「黒潮圏の考古学」278p, 南島文化叢書 21, 第一書房（東京）.

2000b　「海上の道の始まり」pp68-72, 文部省科学研究費補助金特定領域研究「日本人および日本文化の起源に関する学際的研究」『公開シンポジウム 海上の道再考−人類と文化の潮流− 予稿集』76p（宜野湾）.

2001　「考古学からみた新・海上の道」pp6-23『第四紀の自然と人間−琉球から南九州にかけての植物・動物・ヒトを結ぶ道−』普及講演会資料集, 日本第四紀学会（鹿児島）.

2002　「遥かなる海上の道−日本人の源流を探る黒潮文化の考古学−」185p, 青春出版社.

2003a　「山下町第 1洞穴出土の旧石器について」pp1-29, 南島考古 22, 沖縄考古学会（沖縄）.

2003b　『日本の旧石器文化』665p, 同成社（東京）.

2004　「黒潮圏の考古学」pp221-262『沖縄対外文化交流史−考古学：歴史学・民俗学・人類学の視点から−』327p, 日本経済評論社（東京）.

2005a　「八丈島の先史文化」pp55-84, 加藤有次博士追悼記念号, 國學院大學考古学資料館紀要 21, 國學院大學考古学資料館（東京）.

2005b　「海を渡った旧石器人」考古学ジャーナル 536, pp5-6, ニューサイエンス社（東京）.

2007　「カダ原洞穴とその調査史−伊江島から始まった沖縄の旧石器文化研究−」南島考古 26, pp37-48, 沖縄考古学会（沖縄）.

2008　『壺屋焼が語る琉球外史』242p, ものが語る歴史 16, 同成社（東京）.

2009　「港川フィッシャー遺跡について」南島考古 28, pp1-17, 沖縄考古学会（沖縄）.

2010　「ピンザアブ洞穴と南琉球の旧石器文化」南島考古 29, pp1-20, 沖縄考古学会（沖縄）.

2014　『考古調査ハンドブック 9 旧石器時代』261p, ニューサイエンス社（東京）.

2017　「考古学からみた新・海上の道」南島考古 36, pp21-34, 沖縄考古学会（沖縄）.

小田静夫 編

2000　『日本人の源流−幻のルーツをたどる−』189p, 青春出版社（東京）.

小田静夫・馬場悠男 監修

2001　『日本人はるかな旅展 展示解説』117p, 国立科学博物館・ＮＨＫ・ＮＨＫプロモーション（東京）.

小田静夫・早川 泉・岡崎完樹・小林重義 編

1992　『小笠原諸島の考古学的資料集成』126p, 東京埋蔵文化財調査報告 19, 東京都教育委員会（東京）.

小田静夫・水山昭史 編

2002　『発掘された小笠原の歴史』32p, 東京都小笠原村教育委員会（小笠原）.

Oda, S. and R. Wilson eds,

1994　『Material Culture along the Black current』32p, International Christian University Archaology Research Center（東京）.

小川 武

1971　『黒潮圏の八丈島』245p, 吉田南光園（八丈）.

沖縄県文化振興会公文書管理部史料編集室 編

2000　『概説 沖縄の歴史と文化』149p, 沖縄県教育委員会（那覇）.

2003　『沖縄県史各論 第二巻 考古』662p, 沖縄県教育委員会（那覇）.

大熊良一

1966　『歴史の語る小笠原島』255p, 南方同胞援護会（東京）.

大村 肇
1967 「伊豆諸島」pp461-483『日本地誌 7 東京都』510p, 二宮書店（東京）.

大島支庁遺跡調査団 編
1994 『大島オンダシ遺跡』233p, 大島支庁遺跡調査会（大島）.

大島下高洞遺跡調査団 編
1984 『東京都大島町下高洞遺跡』56p, 大島町教育委員会（大島）.
1985 『東京都大島町下高洞遺跡』104p, 大島町教育委員会（大島）.

Osborne, D
1974 Archaology on Guam : A Progress Report, American Anthropologist 48 (3), pp518-542.

Pellett, M. and A. Spoehe
1961 『Marianas Archaeology : Report in an Excavation on Tinian』Jaurnal of the Polynesian Society 70 (3), pp321-325.

Reinman, F. M
1968 『Guam Prehistory : A Preliminary Report』Prehistoric Culture in Oceania, pp41-50, Bishop Museum（Honolulu）.
1977 『An Archaeologicai Survey and Preliminary,The Excavations in the Island Guam, Marianas Islands, 1965-1966』197p, Micronesian area Reserch Center,University of Guam（Guam）.

ロース記念館開設準備会事務局 編
1987 『展示品紹介貯蔵用のかめ』良志羅留普 4, p1, ロース記念館開設準備会事務局, 小笠原村役場母島支所内（小笠原）.

佐原 真
1977 「石斧論−横斧から縦斧へ」pp45-86『考古論集（松崎寿和先生六十三歳論文集）』672p, 松崎寿和先生退官記念論文集事業会（広島）.
1994 『斧の文化史』173p, UP 考古学選書 {6}, 東京大学出版会（東京）.

佐藤康二
1979 「マリアナ群島、テニアン島出土の石器及び土器」p34-40『地域研究の方向』千曲川水系古代文化研究所（長野）.

新東晃一
1990 「火山灰からみた南九州縄文早・前期土器の様相」pp1-13『鏡山猛先生古稀記念古文化論攷』882p, 鏡山猛先生古稀記念論文集刊行会（福岡）.
1993 『火山灰と南九州の縄文文化』86p, 南九州縄文文化研究 1, 南九州縄文文化研究会（鹿児島）.
1994 「南九州の縄文草創期・早期の特徴」考古学ジャーナル378, pp2-6, ニューサイエンス社（東京）.
2006 『南九州に栄えた縄文文化−上野原遺跡−』93p, シリーズ「遺跡を学ぶ」127, 新泉社（東京）.

白木原和美
1992a 「琉球弧の考古学−奄美と沖縄諸島を中心に−」pp88-129『琉球弧の世界海と列島文化6』605p, 小学館（東京）.
1992b 「琉球弧と南シナ海」pp99-111『海から見た日本文化海と列島文化 10』613p, 小学館（東京）.

Spoehr, A
1967 『Marianas Prehistory : Archaeological Survey and excavations on Saipan, Tinian and Rota』59p, Fieldiana : Anthropology 48,（Chicago）.

杉原荘介
1965 「東京都八丈島湯浜遺跡の調査] 駿台史学 16, pp158-162, 駿台史学会（東京）.

杉原荘介・戸沢充則
1967 「東京都八丈島湯浜の石器時代遺跡」考古学集刊 3-4, pp23-36, 東京考古学会（東京）.

杉原重夫・小田静夫・丑野 毅
1983 「伊豆大島の鬼界アカホヤ火山灰と縄文時代の遺跡・遺物」考古学ジャーナル 224, pp4-9, pp4-9, ニューサイエンス社（東京）.

杉原重夫・小田静夫
1990 「伊豆諸島の八丈島・三宅島における鬼界−アカホヤ火山灰の発見と縄文遺物・編年上の意義−」駿台史学 79, pp35-46, 駿台史学会（東京）.

鈴木高弘
1989 「小笠原史における父島の史跡・戦跡−父島「歴史の道」への基礎的作業−」研究紀要 3, pp3-28, 東京都立小笠原高等学校（父島）.
1990 「明治前期小笠原諸島開拓の群像」研究紀要 4, pp48-126, 東京都立小笠原小笠原高等学校（父島）.
1992 「近代以前の小笠原」pp73-82『小笠原諸島他遺跡分布調査報告書』126p, 東京都教育委員会（東京）.

田畑道夫
1993 『小笠原ゆかりの人々』378p, 文献出版（東京）.

高宮廣衛
1977 「石器」pp46-48, 52-55『渡具知東原−第 1 〜 2 次発掘調査報告−』116p, 読谷村教育委員会（読谷）.
1991 『先史古代の沖縄』310p, 南島文化叢書 12, 第一書房（東京）.
1993 「沖縄諸島の編年」pp29-60『海洋文化論１環中国海の民俗と文化１』480p, 凱風社（東京）.

高宮廣衛・宋 文薫
2004 「琉球弧および台湾出土の開元通宝−特に 7 〜 11 世紀ごろの遺跡を中心に−」pp263-280『沖縄対外文化交流史−考古学・歴史学・民俗学・人類学の視点から−』327p, 日本経済評論社（東京）.

高杉博章
1979 「マリアナおよび伊豆・小笠原諸島の石製工具（1）」考古学ジャーナル 168, pp 12-16, ニューサイエンス社（東京）.
1980a 「マリアナおよび伊豆・小笠原諸島の石製工具（2）」考古学ジャーナル 171, pp 11-17, ニューサイエンス社（東京）.
1980b 「マリアナおよび伊豆・小笠原諸島の石製工具（3）」考古学ジャーナル 173, pp 11-13, ニューサイエンス社（東京）.

高山 純
1970 「マリアナ考古学の回顧と展望」考古学ジャーナル 51, pp12-16, ニューサイエンス社（東京）.
1973a 「ロタ島モーチョンの第二次発掘調査」考古学ジャーナル 77, pp16-19, ニューサイエンス社（東京）.
1973b 「ロタ島ラッテの年代測定値でる」考古学ジャーナル 79, p33, ニューサイエンス社（東京）.
1977a 「最近のミクロネシア考古学の動向」考古学ジャーナル 142, pp2-6, ニューサイエンス社（東京）.
1977b 「南海と太平洋のシャコガイ製斧」沖縄県立博物館紀要 3, pp78-98（那覇）.
1983 『ミクロネシアの先史文化−その起源を求め

引用参考文献

て-』86p, 海鳴社（東京）.

Takayama, J and T. Egami
1971 『Archaeology on Rota on the Marianas Islands, Report on the first excavation of the latte site（M-1）』31p, Reports of Pacific Archaeological Survey 1（平塚）.

Takayama, J and M. Intoh
1976 『Archaeological excavation of latte site（M-13）, Rota in the Marianas 』00p, Reports of Pacific Archaeological Survey 1（平塚）.

高山 純・甲斐山佳子
1993 『珊瑚礁の考古学』230p, 大明堂（東京）.

嵩元政秀・安里嗣淳 編
1993『日本の古代遺跡 47 沖縄』276p, 保育社（東京）.

田中和彦
1993 「フィリピン完新世・先鉄器文化編年研究序説」東南アジア考古学会会報 13, pp173-209, 東南アジア考古学会（東京）.

Thompson, L, M.
1932 『Archaeology of the Marianas Islands』82p, Bishop Museum, Bulletin 100,（Honolulu）.

鶴丸俊明・小田静夫・鈴木正男・一色直記
1973 「伊豆諸島出土の黒曜石に関する原産地推定とその問題」文化財の保護 5, pp147-158, 東都教育委員会（東京）.

東京都 編
1979『小笠原諸島自然景観調査報告書』175p, 東京都建設局公園緑地部（東京）.
1980『続・小笠原諸島自然景観調査報告書』251p, 東京都建設局公園緑地部（東京）.
1983『小笠原諸島自然環境現状調査報告書-小笠原の固有植物と植生-』262p, 東京都環境保全局自然保護部緑政課（東京）.
1986『硫黄島及び北硫黄島視察調査報告書』209p, 東京都（東京）.

東京都教育委員会 編
1958『伊豆諸島文化財総合調査報告第 1 分冊』328p, 東京都文化財調査報告書 6, 東京都教育委員会（東京）.
1959『伊豆諸島文化財総合調査報告第 2 分冊』535p, 東京都文化財調査報告書 7, 東京都教育委員会（東京）.
1960a『伊豆諸島文化財総合調査報告第 3 分冊』213p, 東京都文化財調査報告書 8, 東京都教育委員会（東京）.
1960b『伊豆諸島文化財総合調査報告第 4 分冊』105p, 東京都文化財調査報告書 9, 東京都教育委員会（東京）.

東京都教育庁文化課
1960 「調査の経過」pp1175-1181『伊豆諸島文化財総合調査報告第 4 分冊』105p, 東京都文化財調査報告書 9, 東京都教育委員会（東京）.

東京都教育庁社会教育部文化課 編
1982 「特集 小笠原諸島文化財調査報告」文化財の保護 14, pp1-154, 東京都教育委員会（東京）.
1984 「特集 伊豆諸島文化財調査報告」文化財の保護 16, pp1-202, 東京都教育委員会（東京）.

東京都島嶼地域遺跡分布調査団 編
1980『東京都島嶼地域遺跡分布調査報告書-大島・三宅島-』20p, 東京都島嶼地域遺跡分布調査団（東京）.
1981『東京都島嶼地域遺跡分布調査報告書-利島・新島・式根島・神津島-』115p, 東京都島嶼地域遺跡分布調査団（東京）.

1982『東京都島嶼地域遺跡分布調査報告書-御蔵島・八丈島-』67p, 東京都教育委員会・東京都島嶼地域遺跡分布調査団（東京）.

東京都立大学小笠原研究委員会 編
1991『第 2 次小笠原諸島自然環境現状調査報告書』403p, 東京都立大学（東京）.

当真嗣一・上原 静 編
1978 『木綿原-沖縄県読谷村渡具知木綿原遺跡発掘調査報告書-』190p, 読谷村文化財調査報告書第 5 集, 沖縄県 読谷村教育委員会・読谷村立歴史民俗資料館（読谷）.

鳥居龍蔵
1901「大島の石器時代遺跡」時事新報 6482（東京）.
1902a「伊豆大島熔岩流下の石器時代遺跡」東京人類學會雑誌 17-194, pp320-338, 東京人類學會（東京）.
1902b「伊豆大島熔岩流下の石器時代遺跡」地学雑誌 4-159, pp137-153, 東京地学協会（東京）.
1902c「伊豆大島熔岩流下の石器時代遺跡（承前）」地学雑誌 4-160, pp209-217, 東京地学協會（東京）.

坪井正五郎
1901 「石器時代人民の交通貿易」東洋學藝雑誌 240, pp343-346, 東洋學藝社（東京）.

坪井正五郎・鳥居龍蔵
1901 「伊豆大島熔岩流下遺物問題」東京人類學會雑誌 17-189, pp97-105, 東京人類學會（東京）.

植木 武
1978 『南太平洋の考古学』227p, 学生社（東京）.

上原 静
2003 「沖縄諸島の先史・原史時代 グスク時代」pp253-323『沖縄県史 各論編 1 考古』662p, 沖縄県教育委員会（沖縄）.

上村俊雄
1990 「南九州の考古学」pp45-110『海と列島文化 5, 隼人世界の島々』541p, 小学館（東京）.

矢内原忠雄
1935 『南洋群島の研究』534p, 岩波書店（東京）.

山口 敏
1979 「伊豆・小笠原諸島の人びと」自然科学と博物館 46, pp41-44, 国立自然科学博物館（東京）.

八幡一郎
1938 「日本の乳棒状石斧」人類学雑誌 53-5, pp7-21, 日本人類学会（東京）.
1940a 「マリアナ北部諸島の遺跡・遺物」人類学雑誌 55-6, pp257-262, 日本人類学会（東京）.
1940b 「マリアナ, アラマガン島出土の遺物」人類学雑誌 55-8, pp353-359, 日本人類学会（東京）.
1943「南洋文化雑考」308p, 青年書房昭光社（東京）.
1961 「マリアナ古代住民の埋葬の一様式」古代学 9-3, pp117-128, 古代學協会（大阪）.

吉田恵二 編
1982 「中郷遺跡 1982」35p, 國學院大學文学部考古学実習報告 4, 國學院大學文学部考古学研究室（東京）.
2002 「物見処遺跡 2002」95p, 國學院大學文学部考古学実習報告 37, 國學院大學文学部考古学研究室（東京）.
2003 「物処遺跡 2003」111p, 國學院大學文学部考古学実習報告 38, 國學院大學文学部考古学研究室（東京）.

索 引

あ 行

青ヶ島…………21, 54, 108, 110, 111, 119, 120, 122, 182

安里嗣淳…………50, 93, 138, 139, 156

安座原遺跡…………134

アベル・ヤンスゾーン・タスマン……18

泡盛酒…106, 139, 140, 163, 165, 166, 177

五十嵐俊雄…………66, 98, 100

石野遺跡……53, 54, 55, 62, 63, 69, 75, 76, 77, 78, 79, 80, 81, 83, 85, 87, 89, 90, 91, 92, 93, 94, 95, 104, 133, 159, 161, 164, 168, 169, 170, 171, 180, 182

石野平之丞………44, 45, 46, 78, 103, 172

イシバ様…………119, 120, 133

伊豆諸島文化財総合調査…111, 112, 114

一色直記…………117

井上雄介…………44, 78, 103

印東道子…………50, 93, 148

宇津木遺跡…………115, 120

海の縄文人…………112

江上幹幸…………146, 147, 148, 156

（エム・シー・）ペリー提督…22, 31, 32

円筒石斧……46, 59, 94, 96, 160, 161, 165, 166, 172, 180

オオツタノハガイ…………120, 123

大根山遺跡……47, 48, 49, 57, 62, 63, 64, 67, 69, 75, 133, 168, 170, 171, 180, 182

大根山墓地…………65

大村海岸…………50

小笠原島……8, 17, 18, 20, 22, 23, 24, 26, 27, 28, 33, 34, 35, 38, 45, 46

小笠原諸島他遺跡分布調査会……50, 66, 72, 78, 79, 80, 90, 98

小笠原（民部少輔）貞頼………17, 18, 23, 34, 179

小笠原村遺跡No.1「おおねやまいせき」…………48, 64

小笠原村遺跡No.2「おきむらいせき」…………50, 70

小笠原村遺跡No.3「いしのいせき」…………76

小笠原村北硫黄島石野遺跡他詳細分布調査団…………54, 79, 80, 180

沖縄貝塚時代前期遺跡（爪形文土器文化）…………92

沖村遺跡……50, 51, 57, 62, 63, 70, 71, 74, 168, 174, 180, 182

小花作助…………34

か 行

貝の道…………120, 123

貝斧……88, 92, 93, 147, 148, 153, 157, 158, 159, 160, 168, 169

椿ノ原型石斧…………161

葛西重雄…………136

片山一道…………50

カナカ人…………26

ガレオン船貿易…………16, 39

艦長ビーチー…………25

咸臨丸…………32, 33

季刊・沖縄と小笠原（雑誌）…36

岸一郎…………96

擬餌針…………50, 51, 73, 74, 75, 174

岸本義彦…………50, 93

巨石……53, 55, 62, 79, 80, 81, 82, 83, 92, 93, 94, 160, 164, 169, 170, 180

金武正紀…………138, 139

宮内貞任…………23, 24

供養橋遺跡…………128, 130, 131, 182

倉品博易…………156

倉輪遺跡……115, 117, 118, 124, 125, 128, 129, 133, 135, 182

黒潮本流……110, 111, 114, 117, 125, 127, 128, 132, 133

黒住耐二…………148

ケンペル…………22

コアー…………66, 67, 68

小池裕子…………78

神津島……110, 111, 113, 116, 121, 122, 123, 124, 126, 128, 171, 182

甲野勇…………44, 78, 103

国際基督教大学考古学研究室……56, 59, 101

黒曜石……116, 118, 121, 122, 123, 124, 126, 128, 171

コッフィン（沖港）…………25

索　引

コッフィン船長‥‥‥‥‥‥‥‥‥‥‥ 25
後藤守一‥‥‥‥‥‥‥‥‥‥‥‥111, 112
小林重義‥‥‥‥‥‥‥ 50, 55, 93, 117
小林達雄‥‥‥‥ 47, 50, 54, 93, 119
小日置晴展‥‥‥‥‥‥‥‥ 56, 57, 101
小宮山才次‥‥‥‥‥‥‥‥‥‥‥‥114

さ　行

祭壇（シュライン）‥‥‥ 80, 81, 82, 92, 169
斎藤文子‥‥‥‥‥‥‥‥‥‥‥‥‥146
佐倉朔‥‥‥‥‥‥‥‥‥‥‥‥‥‥ 50
サン・アレキサンドロ島（北硫黄島）
‥‥‥‥‥‥‥‥‥‥‥‥‥‥‥‥ 17
三国通覧図説‥‥‥‥‥‥‥‥‥‥‥ 22
サンゴ礁文化圏‥‥‥‥‥‥‥‥‥‥135
サンドウィッチ諸島（現在のハワイ・
オアフ島）‥‥‥‥‥‥‥‥‥‥ 26
汐留遺跡‥‥‥‥‥‥‥‥‥‥‥‥‥138
茂原信生‥‥‥‥‥‥‥‥‥‥‥‥‥ 58
篠遠喜彦‥‥‥‥‥‥‥‥‥‥ 50, 151
柴田常恵‥‥‥‥‥‥‥‥‥‥ 40, 151
嶋谷市左衛門‥‥‥‥‥‥‥‥‥‥‥ 21
下高洞遺跡‥‥‥‥‥ 113, 124, 125, 182
シャコガイ‥‥‥ 14, 53, 54, 82, 88, 89, 90,
92, 94, 95, 133, 134, 147, 148, 153, 157,
158, 159, 160, 168, 169
シャコガイ製斧形製品‥‥‥‥‥‥ 55
ジョン（中浜）万次郎‥‥‥‥ 31, 32, 33
杉原荘介‥‥‥‥‥‥‥‥‥‥‥‥‥115
スクレイパー‥‥‥ 66, 67, 68, 69, 75, 89,
168, 170, 171
洲崎‥‥‥‥‥‥‥‥‥ 20, 23, 25, 26, 28
鈴木正男‥‥‥‥‥‥‥‥‥‥‥‥‥116
ストーンサークル（環状列石）‥‥82, 92
世界自然遺産‥‥‥‥‥‥‥‥‥‥‥ 12
石柱遺構（ラッテ）‥‥‥‥ 40, 41, 42, 143,
145, 155
石柱列（ラッテ）‥‥‥‥ 145, 155, 160
石列・祭壇状遺構‥‥‥‥‥‥‥‥80, 82
線刻画‥‥‥‥ 53, 55, 62, 79, 81, 83, 92, 94,
164, 169, 170, 180
戦跡遺跡‥‥‥‥‥‥‥‥‥‥‥‥‥181
戦争遺物‥‥‥‥‥‥‥‥‥‥‥48, 181

た　行

第2の貝の道‥‥‥‥‥‥‥‥120, 123
太平洋諸民族‥‥‥‥‥‥‥‥‥‥‥ 26

太平洋の道‥‥‥‥‥‥‥‥‥‥‥‥166
高山純‥‥‥‥‥‥‥‥‥‥‥‥ 42, 155
タカラガイ‥‥‥ 14, 50, 51, 72, 73, 74, 75,
90, 174
滝口宏‥‥‥‥‥‥ 47, 64, 78, 112, 138
打製石斧‥‥‥‥ 47, 48, 55, 64, 66, 67, 69,
86, 87, 91, 94, 116, 128, 170, 171
タタキイシ‥‥‥ 57, 59, 60, 63, 95, 96, 98,
99, 100, 147, 160, 168, 173
巽無人島記‥‥‥‥‥‥‥‥‥‥18, 24
竪穴住居跡‥‥‥‥‥‥‥ 117, 118, 125
田中榮二郎‥‥‥‥‥‥‥‥‥‥‥‥ 45
段木一行‥‥‥‥‥‥‥‥‥‥‥‥‥ 60
チーフビリッジ（洲崎）‥‥‥‥‥‥ 28
チャモロ人‥‥‥39, 142, 143, 146, 148, 151
長左衛門‥‥‥‥‥‥‥‥‥‥‥20, 21
椿丸‥‥‥‥‥‥‥‥‥‥‥ 47, 48, 64
坪井正五郎‥‥‥‥‥‥‥‥‥‥110, 121
壺屋焼‥‥‥‥ 101, 106, 108, 136, 137, 138,
139, 140, 148, 157, 163, 165, 166, 177, 178
東京大学総合研究博物館‥‥‥‥ 46, 103
東京都遺跡地図‥‥‥‥‥‥‥‥‥‥ 62
東京都遺跡分布調査会‥‥‥ 47, 56, 64, 65,
72, 78, 106, 112, 114, 116, 136, 138
東京都歴史民俗資料所在調査‥‥‥‥‥ 60
東京府‥‥‥‥‥‥‥‥‥‥‥ 35, 38, 45
東洋のガラパゴス‥‥‥‥‥‥‥‥‥ 12
徳永重元‥‥‥‥‥‥‥‥‥ 54, 90, 138
戸沢充則‥‥‥‥‥‥‥‥‥‥‥‥‥112
渡名喜明‥‥‥‥‥‥‥‥‥‥‥‥‥139
ド・フリース‥‥‥‥‥‥‥‥‥‥‥ 18
鳥居龍蔵‥‥‥‥‥‥‥‥‥‥‥‥‥110
鳥打遺跡‥‥‥‥‥‥ 115, 120, 133, 182
鳥の峯遺跡‥‥‥‥‥‥‥‥‥‥‥‥134

な　行

中井猛之進‥‥‥‥‥‥ 38, 42, 44, 78, 103
中郷遺跡‥‥‥‥‥‥‥‥ 124, 133, 182
永峯光一‥‥‥‥‥ 47, 50, 54, 64, 78, 79, 98,
112, 114, 116, 117, 119, 136, 148
ナサニエル・セーボレー‥‥‥‥ 26, 31, 34
南蛮甕‥‥‥‥‥‥‥‥‥‥ 136, 137, 139
南部伊豆諸島‥‥‥‥ 59, 110, 111, 112, 114,
115, 120, 125, 127, 132, 133, 166, 173
西町の民家‥‥‥‥‥ 46, 57, 59, 95, 173, 180
日本（書籍：シーボルト著）‥‥‥‥‥ 20
日本遠征記（書籍：ペリー提督）‥‥22, 32

202

索 引

日本誌（書籍：ケンペル著）………… 22
日本の領土……………………… 32, 34, 179

は 行

配石……………… 53, 62, 92, 133
配石遺構…………………120, 164
配石墓………………………94, 95
橋本真紀夫……………………… 83
長谷部言人………… 38, 40, 41, 151, 153
八丈温泉ホテル……………115, 117
ハチジョウダカラ…… 50, 51, 73
八丈島八重根遺跡調査会…………119
八丈島歴史民俗資料館…… 114, 136, 137, 139
埴原和郎………………………… 78
早川泉………… 50, 55, 93, 94, 148
林子平…………………………… 22
林徹…………………………151
バロボク岩陰遺跡………………159
ハンズ・ホーンボステル夫妻………151
ビショップ博物館… 41, 50, 151, 155, 160
火の潟遺跡……115, 119, 128, 130, 131, 182
火の潟遺跡調査団………………119
評議平……… 57, 63, 70, 71, 101, 102, 168, 175, 182
ピール諸島植民（自治）政府…………31
ピール島（父島）… 25, 26, 27, 31, 32
広田遺跡…………………………134
フィッシャー（母島？）……………25
フェルディナント・マゼラン … 39, 143, 149
フォン・シーボルト………………20
福田健司………………………118
二見湾……… 8, 21, 25, 30, 31, 32, 33, 47, 48, 57, 65
無人島（ぶにんしま）…… 21, 22, 23, 32, 55, 180
フレイク…………… 66, 67, 69, 157, 158
ベイリー群島（母島群島）……………26
ペッキング…………………… 83, 170
北部伊豆諸島…… 110, 111, 112, 116, 121, 125, 127, 130, 132, 133
ポート・ロイド（二見港）……………25
ボニン・アイランズ……… 16, 19, 22, 26, 30, 32, 55
ポリネシア人………………… 26, 179
ホーンボステル夫妻………… 41, 151

ま 行

埋葬人骨…………… 41, 42, 118, 156, 160
埋葬人骨（屈葬）………………118
松浦秀治………………………… 58
松村瞭……………………… 40, 151
松本信広……………………… 41, 155
マリアナ諸島………8, 9, 38, 39, 40, 42, 44, 56, 59, 90, 91, 93, 94, 96, 108, 127, 130, 132, 142, 143, 144, 145, 148, 149, 151, 152, 155, 156, 157, 158, 160, 162, 164, 165, 166, 169, 172, 173, 177, 180, 182
マリアナ赤色土器… 91, 146, 155, 157, 158
丸ノミ形石斧… 42, 43, 44, 52, 55, 59, 78, 93, 94, 96, 98, 103, 104, 124, 165, 166, 168, 172, 173, 179, 180
ミクロネシア人……………… 26, 179
水野筑後守忠徳………………… 32
水山昭宏………………………… 57
宮崎博……………………… 48, 114, 117
もう一つの日本文化………………166
木綿原遺跡……………… 94, 134
森田裕一……………… 57, 58, 59, 95

や 行

八重根遺跡…… 115, 118, 119, 127, 128, 130, 131, 182
八幡一郎……… 38, 41, 44, 145, 146, 147, 148, 153, 155, 160
湯浜遺跡…… 115, 116, 117, 118, 124, 128, 129, 182
湯浜遺跡緊急発掘調査団………………116

ら 行

羅典帆諸島……………… 39, 143, 149
ルイ・ロベッツ・ヴィラロボス……… 16
レグサ遺跡………………146, 160
礫器……… 47, 48, 64, 66, 67, 68, 69, 86, 133, 170, 171
ロス・ボルカネス（火山三島）……16, 44
ロース記念館………………106, 140
ローラ・ソンプソン女史………151

アルファベット

B. F. リーチ ……………………… 50
Bonin Islands ………… 16, 19, 22, 180
S. ラッセル……………………… 50

203

お わ り に

　小笠原は戦後22年2ヵ月の長きに亘りアメリカ軍政下にあり、昭和43（1969）年6月26日に日本に返還され東京都に帰属した。東京都教育庁文化課は、昭和47（1972）年から3ヵ年かけて都内全域の遺跡分布調査を実施する組織であった「東京都遺跡分布調査会」（会長・早稲田大学、東京都文化財保護審議会 滝口宏、団長・東京都文化財保護審議会、日本大学 永峯光一）を編成し、渡島の困難な島嶼部、特に今まで考古学的調査が皆無であった「小笠原諸島」に対して重点的な踏査を行うことを決定した。

　この遺跡分布調査は筆者が入都して最初の大仕事であり、未知の小笠原諸島への考古学的調査に期待と不安が膨らんでいた。調査組織も固まった昭和47（1972）年6月、準備行として調査団長の永峯光一先生と中村万之助係長と私の三人は、東京・竹芝桟橋から小笠原海運の椿丸（1,000 t）で二昼夜かけて小笠原・父島に渡航した。当時小笠原への旅は、一航海5泊7日（船内4泊、島内1泊）の強行スケジュールであった。こうした遠洋航海は初めての経験であり、船中での食事は6回出たのであるが、私は船酔いのため波のない東京湾内で1食とっただけで、あとの5食は食べられずに船床に横伏していただけであった。帰路も同様のみじめさを味合った訳であるが、さすがに2人の戦争経験者は強く、激しく揺れる船内でも平気で全食平らげこの船旅を楽しんでいたようであった。

　三日目の昼近くになり、小笠原諸島が遠方に望見され出した。波のほかは何も見えず退屈していた船客たちは、互いに甲板に出て前方の島影を確認し合っていた。しばらくして、下船が近いという情報に勇気づけられ、私はフラつく足取りでデッキに出て未知の島々を遠望した。やがて船は幾つかの島々を通過し、目的の父島二見湾に近づくと左手に岬が見え出した。その景色は伊豆諸島で見た褐色の火山性堆積土と異なり、亜熱帯の真っ赤

おわりに

なラテライト性土壌の断崖が続いていた。やがて左舷に電信用アンテナが立っている台地状の高台が目に止まり、地図で調べると「大根山」と記されている場所であった。伊豆諸島や列島内部の遺跡立地条件に照らすまでもなく、こうした断崖上のテラス面には先史遺跡が多く存在している事実を経験していた私は、「この地点には遺跡があるのでは」という確信が湧いてきたのであった。

　下船後、3人は直ちに関係機関への挨拶を済ませ、急いで目的の大根山に登ってみた。途中に小笠原開拓史に名を残す島民が葬られている大根山墓地があり、遺跡の立地条件には絶好の場所であった。当地はすでに整地され平坦化された土地で、赤いラテライト性土壌が二次的にならされているようであった。さっそく表面に目をやって周囲を探索すると、驚くことに黄色に風化したメノウ製の剥片や砂岩製の石器らしい遺物が散布していた。そして、採集した資料の中には打製石斧、礫器、スクレイパー的加工と形態を呈したものも存在していたのであった。しかし、時代判定に役立つ土器、陶磁器類を探したが、この地点から発見されなかったのは残念であった。

　ともあれ、準備行の船上から最初に目安をおいた場所に考古学的遺物が発見され、無人島といわれた小笠原に先住民の影が見えてきたことは大きな成果であった。この幸運に励まされて、準備行の3人は父島内を時間の許す限り踏査したのであるが、他の地点からは遺跡・遺物らしい痕跡を確認することはできなかった。これが小笠原諸島最初の考古学的資料「小笠原村登録遺跡 No.1、大根山遺跡」の発見経緯である。

　同年8月には、本格的な調査団が渡島してさらに詳細な分布調査を行った。その結果、母島の沖村で骨角製品、貝製品などの考古学的遺物の発見「小笠原村登録遺跡 No.2、沖村遺跡」がもたらされたが、先史時代遺跡と考えられる確かな地点はこの時点では確認することはできなかった。

　平成元（1990）年から3ヵ年行われた「小笠原諸島他遺跡分布調査」（団

おわりに

長・東京都文化財保護審議会、國學院大學 永峯光一）は、内外の考古学者、
人類学者を組織した画期的なものであった。18 年ぶりに渡島した小笠原は
復帰後の面影は少なく、新しく観光地として整備された景観に変貌してい
た。今回の大きな目的の一つは無人島の北硫黄島へ渡島して、大正 9（1920）
年に東京帝國大學理學部植物學教室の中井猛之進に寄贈された 3 本の丸ノ
ミ形石斧の出自や由来を現地で調べることであった。初年度は台風の接近
のため北硫黄島への渡島を断念したが 2 年と 3 年度には実現し、最終年度
の平成 3（1992）年 7 月 9 日に待望の「先史時代遺跡」が発見された。そ
こには約 2000 年間、土器、石器が表面に多量に散布し、巨石（線刻画）、
積石遺構などがクサトベラの繁茂したジャングル内に多数眠っていたので
ある。こうして、念願の小笠原諸島に遺物だけではない、大地に刻まれた
確かな先史遺跡が確認された意義は極めて大きいものであった。

　こうして小笠原の歴史に新たな 1 ページが刻まれたわけであるが、この
太平洋上の孤島にどういう目的で、またそのルートは、故郷は何処など、
これから解決していかなければならない数々のテーマが山積みしているの
である。今日までの考古学的知見では、小笠原の先史文化は、北側の伊豆
諸島を介して列島内部と繋がる要素より、南側のマリアナ諸島を通してオ
セアニア地域へ、また西太平洋を挟んだフィリピン諸島、琉球列島に関連
性が強く認められるようである。つまり、日本列島内に形成された日本文
化の外側に培われた「もう一つの日本文化」と言えるものである。

謝　辞

　本書をまとめるにあたって多くの先学諸兄、諸機関に御指導、御便宜を受けました。ここに感謝の意を表し、以下にそのお名前を明記し、心からの感謝の念に換えさせて頂きます。

　赤澤 威、青木 豊、安里 嗣淳、江上 幹幸、橋本 真紀夫、春成 秀爾、片山 一道、川崎 義雄、C・T・キーリ、木下 尚子、小林 重義、小林 達雄、小日置 晴展、後藤 雅彦、小山 修三、岸本 義彦、倉品 博易、黒住 耐二、印東 道子、早川 泉、林 徹、松浦 秀治、宮崎 博、水山 昭宏、森田 裕一、戸田 哲也、新里 康、岡崎 完樹、小川 英文、大塚 柳太郎、小野 昭、B・F・リーチ、茂原 信生、新東 晃一、杉原 重夫、鈴木 正男、鈴木 高弘、高山 純、丑野 毅、R・W・ウイルソン、山口 敏

　グアム大学ミクロネシア地域研究センター、八丈町教育委員会、八丈島歴史民俗資料館、北マリアナ連邦政府文化財保存課、國學院大學考古学研究室、国際基督教大学考古学研究室。国立科学博物館人類研究部、国立国会図書館、お茶の水女子大学生活科学部人間科学講座、小笠原村教育委員会、沖縄県公文書館史料編集室、沖縄県立博物館・美術館、パリノ・サーヴェィ(株)研究所、東京大学教養学部文化人類学教室。東京大学総合研究博物館、東京大学総合図書館、東京都教育委員会。

　なお、最後になりましたが、本書の刊行にあたりご配慮を賜ったニューサイエンス社の角谷 裕通氏、岡 郁子氏には大変なご苦労をおかけしました。ここに厚く御礼申し上げます。

2019 年 2 月

小田　静夫

〔著者略歴〕

小田 静夫（おだ しずお）

1942年　東京（墨田区業平橋）生まれ
1965年　國學院大學 文学部 史学科 考古学専攻 卒業
1970年　明治大学 大学院文学研究科 史学専攻 博士前期
　　　　課程修了
同　年　野川遺跡調査会調査員。1972年より東京都教
　　　　育庁文化課勤務し，2003年定年退職。この間，
　　　　都内の遺跡調査をはじめ，伊豆・小笠原諸島，
　　　　琉球列島など，数々の「島嶼遺跡」の発掘調査
　　　　を手がける。1993年〜2011年東京大学教養学
　　　　部，1994〜1999年お茶の水女子大学生活科学
　　　　部の非常勤講師を兼務する。2003年文学博士
　　　　号（総合研究大学院大学）を授与される。2005
　　　　年岩宿文化賞，2009年伊波普猷賞を受賞する。
著作：『黒潮圏の考古学』,『NHK 日本人はるかな旅』（共編）
　　　『図解・日本の人類遺跡』（共編）他
現在：東京大学総合研究博物館研究事業協力者

世界遺産　小笠原を発掘する
―考古学からみた小笠原諸島の歴史―

令和元年5月20日　初版発行

〈図版の転載を禁ず〉

　当社は，その理由の如何に係わらず，本書掲載の記
事（図版・写真等を含む）について，当社の許諾なし
にコピー機による複製，他の印刷物への転載等，複写・
転載に係わる一切の行為，並びに翻訳，デジタルデー
タ化等を行うことを禁じます。無断でこれらの行為を
行いますと損害賠償の対象となります。
　また，本書のコピー，スキャン，デジタル化等の無
断複製は著作権法上での例外を除き禁じられています。
本書を代行業者等の第三者に依頼してスキャンやデジ
タル化することは，たとえ個人や家庭内での利用であっ
ても一切認められておりません。

連絡先：㈱ニューサイエンス社　著作・出版権管理室
Tel. 03 (5720) 1164

JCOPY〈(社)出版者著作権管理機構 委託出版物〉
　本書の無断複写は著作権法上での例外を除き禁じ
られています。複写される場合は，そのつど事前に，
(社)出版社著作権管理機構（電話：03 - 3513 - 6969，
FAX：03 - 3513 - 6979，e-mail：info@jcopy.or.jp）
の許諾を得てください。

著　者　小　田　静　夫

発行者　福　田　久　子

発行所　株式会社 ニューサイエンス社

〒153-0051　東京都目黒区上目黒3-17-8
電話 03(5720)1163　振替 00150-0-550439
http://www.hokuryukan-ns.co.jp/
e-mail : hk-ns2@hokuryukan-ns.co.jp

印刷・製本　株式会社 富士リプロ

© 2019 New Science Co., Ltd. Printed in Japan
ISBN978-4-8216-0613-9 C3021